W0035311

ullstein

KEFF VIDALA

5 RÄUME

Die Reise zu dir selbst

Ullstein

Besuchen Sie uns im Internet:
www.ullstein-buchverlage.de

Wichtiger Hinweis

Die Ratschläge in diesem Buch sind vom Autor und dem Verlag sorgfältig erwogen und geprüft. Sie bieten jedoch keinen Ersatz für kompetenten medizinischen Rat oder psychologische Hilfe. Jeder Leser ist für sein eigenes Handeln selbst verantwortlich. Alle Angaben in diesem Buch erfolgen daher ohne jegliche Gewährleistung oder Garantie seitens des Verlages. Eine Haftung des Autors bzw. des Verlages und seiner Beauftragen für Personen-, Sach- und Vermögensschäden ist ausgeschlossen. Zum Schutz von Personen wurden Namen verändert und Handlungen, Ereignisse und Situationen abgewandelt.

Hinweis des Autors

Gerne kannst du meine Briefe oder Gedichte online posten. Bitte vergiss aber nicht, meinen Namen anzugeben oder mich zu verlinken. Auf diese Weise wird mein Urheberrecht gewahrt.

Aktualisierte und erweiterte Neuausgabe im Ullstein Taschenbuch
1. Auflage April 2020
© Ullstein Buchverlage GmbH, Berlin 2020
Umschlaggestaltung: zero-media.net, München nach einer Vorlage von
Buchgewand Coverdesign | Torsten Sohrmann | www.buch-gewand.de
Titelabbildung: © silvae / depositphotos.com
Illustrationen im Innenteil: shutterstock
Satz: LVD GmbH, Berlin
Gesetzt aus der Minion Pro
Druck und Bindearbeiten: CPI books GmbH, Leck
ISBN 978-3-548-06209-9

INHALT

VORWORT

Es ist ein Ratgeber.

Komisch, diese erste Formulierung zu verfassen. Hätte mir jemand vor Jahren erzählt, dass ich einmal einen Ratgeber schreiben werde, hätte ich die Person wohl für verrückt erklärt.

Wer bin ich oder was macht mich so besonders, dass ich glaube, durch mein Buch könnte ich Menschen heilen?

Diese Frage ist durchaus berechtigt, weil ich weder Psychologe bin noch etwas in der Richtung studiert habe. Um ehrlich zu sein, habe ich überhaupt nicht studiert. Ich habe eine trockene Ausbildung als Kaufmann gemacht und sie mit einer 3,0 abgeschlossen. Ja, du hast recht, da muss man jetzt nicht laut applaudieren.

Also stellt sich die Frage immer noch: Wie kann ich es mir herausnehmen, zu behaupten, dass meine Methode unter einer Vielzahl an Ratgebern und hochwertigen wissenschaftlichen Büchern am besten funktioniert?

Ich bin davon überzeugt, dass ich mit meiner Art zu schreiben und zu denken und mit dem System, das ich entwickelt habe, der nachwachsenden Generation und jungen Paaren besser helfen kann als jedes Buch in dieser Kategorie. Warum ist das so?

Es fängt schon damit an, dass Jugendliche mit einem seelischen Problem selten möchten, dass andere es wissen. Deshalb gestaltete ich mein Cover so, dass man denken könnte, es handele sich um einen Roman. Denn das Letzte, was viele möchten, ist, dass jeder im Bus oder im Zug weiß, was bei ihr oder ihm abgeht. Deshalb verzichtete ich auch auf Titel wie *Besiege deinen Herzschmerz!* oder *So wirst du deinen Liebeskummer los!*

Ich habe diese schwere Zeit, über die ich schreibe, selbst durchlebt. Und wir reden nicht von dem Meine-Freundin-hat-mich-belogen-und-ich-war-so-traurig-darüber-Schmerz. Ich habe als kleines Kind traumatische Erfahrungen gemacht, die mich jahrelang verfolgten. Meine erste große Liebe betrog mich, als ich 18 Jahre alt war. Ich war völlig gebrochen und Partys, Alkohol und Frauen wurden zum Mittelpunkt meines Lebens. In dieser Zeit lernte ich dann eine neue Frau kennen, und ich schöpfte wieder etwas Hoffnung. Ihr Name war Sophie. Einige Tage nach unserem ersten Date wurde sie von ihrem Ex-Freund aus krankhafter Eifersucht umgebracht.

Ich konnte diesen schlimmen Schicksalsschlag nicht verkraften: Ich erkrankte danach an Depressionen. Selbstmordgedanken kreisten wie schwarze Raben durch meinen Kopf. Ich empfand das Leben als ungerecht und liebte mich selbst nicht mehr. All meine folgenden Bekanntschaften zu Frauen waren nur noch oberflächlich, und ich bekam das Gefühl, dass die Frauen von heute Attraktivität nur noch nach der Dicke des Portemonnaies und danach, welchen Style oder welche Reputation du hast, definieren. Ich fiel in ein noch tieferes Loch.

Ein langer, tiefer Riss durchzog mein Herz in dieser Zeit. Ich habe nur deshalb noch gelebt, weil ich es gerade noch schaffte, zu essen und zu atmen. Als ob das nicht schon genug war, lernte ich in meiner depressiven Phase eine Frau kennen. Ich verliebte mich neu, doch sie trug ein schreckliches Geheimnis mit sich, das mir am Ende fast mein Leben nahm. Dies alles verarbeitete ich in meinen Romanen *Bis die Liebe uns findet.*

Doch trotz all dieser schrecklichen Dinge, die mir passiert sind, habe ich es geschafft, mich aus diesem Abgrund des Schmerzes und der Trauer, in dem ich mich befand, wieder hinauszuziehen. Ich griff nach dem Seil, und mit aller Kraft und unter Qualen zog ich mich langsam nach oben, bis ich mit Dreck am ganzen Körper das Licht und den Weg nach draußen sah. Es wird Zeit, euch Stück für Stück zu offenbaren, wie ich das geschafft habe. Ich gebe offen zu, es war ein harter Kampf. Es war sogar ein sehr harter Kampf. Er dauerte ganze vier Jahre. Wenn du jetzt wegen der »vier Jahre« schockiert bist, lass dir gesagt sein, dass ich dir in meinem Buch klares, sauberes Wasser einschenken möchte, nichts Gekünsteltes, nichts, das süß gemacht wurde, um besser zu schmecken. Denn nur mit der Wahrheit kannst du dich selbst von diesem Schmerz befreien. Dir zu sagen, in zwei Wochen gehe es dir wieder gut oder besser, wäre Bullshit. Das wäre eine Lüge.

Um ehrlich zu sein, würde ich das Ganze hier als einen speziellen persönlichen Ratgeber bezeichnen, als tiefe poetische Seelenheilung (ja, es klingt sehr kitschig, I know). Dieses Buch erklärt nicht nur, warum du dich so fühlst, wie du dich fühlst, und was du dagegen tun kannst. Nein, dieses Buch ist auch mit schönen, bewegenden Gedichten, Zitaten und tiefer Poesie ausgestattet, die allesamt zu einhundert Prozent von mir verfasst wurden.

Ich erkannte, dass das Nachempfinden eines seelischen Schmerzes und das Wissen darüber ein wirksamer Heilungsprozess für die Seele und den Körper sind. Also entwickelte ich ein neues System – das System der tiefen Poesie, verbunden mit ein bisschen Psychologie. Diesen Prozess nenne ich die »Reinigung«.

Dein Schmerz und die Leere, die du jetzt empfindest, sind keine Katastrophen. Sie sind eine Chance – eine große Chance –, dich ab heute besser kennenzulernen, stärker und reifer zu werden. Deine Leere und dein Schmerz sind keine Schande, sie sind Türöffner zu deinem Herzen. Es ist der Beginn einer wunderschönen und vor allem starken Liebe zu dir selbst.

Wenn du dich gerade in einer Phase des Herzschmerzes, der Hoffnungslosigkeit oder sogar der Depression befindest, dann klingt das alles sehr unglaubwürdig, wie eine Lüge. Es ist okay, so zu denken, denn auch das gehört zur Heilung dazu. Du hast dir aber dieses Buch gekauft, weil du bereit bist, dein Leben wieder in die richtige Richtung zu bringen. Für diese Stärke bewundere ich dich jetzt schon.

Es ist dein Recht, glücklich zu werden. Ich will, dass du diesen Weg freiwillig mit mir gehst. Wenn du dich jetzt noch nicht bereit fühlst, ist es okay. Wenn du jetzt weinen musst, ist es auch okay. Lege das Buch kurz weg, wenn du noch etwas Zeit brauchst. Du kannst in ein paar Minuten wieder anfangen zu lesen, in ein paar Stunden oder auch erst in ein paar Tagen.

Dieser Weg wird hart sein, und er wird dich wahrscheinlich, je nachdem, wie viel Leid du im Herzen hast, viele Tränen kosten. Er wird dir wie ein Hochhaus mit 25 Stockwerken vorkommen, in dem leider der Fahrstuhl kaputt ist. Es wird eine mühselige und schmerzhafte Erfahrung sein.

Aber weißt du was?

Ich glaube an dich, denn du hast den ersten Schritt, die Tür zu diesem Hochhaus zu öffnen, gemacht, und jetzt werde ich gemeinsam mit dir die Treppen hochsteigen. Vergiss aber nicht: Ich bin nur dein Begleiter. Die Schritte nach oben musst du selbst machen. Du wirst dir selbst die Fähigkeit verleihen, mit Schmerz, Wut, Trauer, Schuldgefühlen und Angst umzugehen.

Vergiss auch nicht: Wenn du aktuell sehr stark leidest, bitte habe keine Angst, ärztliche Hilfe einzuholen. **Dies sind die Fälle, in denen ein Arzt oder ein Psychologe dir zur Seite stehen sollte:**

- wenn du Selbstmordgedanken hast
- wenn du so am Ende bist, dass du dauerhaft vom Arzt krankgeschrieben bist
- wenn du absolut niemanden hast, mit dem du über deine Probleme reden kannst, also quasi einsam und alleine bist.

Alles, was ich schreibe, sind Erfahrungen aus meinem Leben. Es sind Ideen, Inspirationen und Recherchen. Wir sind alle einzigartig. Es könnte sicherlich sein, dass meine Methode und die Art meines Schreibens dir gar nicht gefallen, du sogar bis hierhin gelesen hast und definitiv nicht weiterlesen wirst. Und das ist völlig okay. Es ist unmöglich, dass jeder Mensch auf dieser Welt von meinem Buch geheilt wird. Vielleicht ist dieses Konzept einfach nichts für dich. Ich würde dich trotzdem bitten, dieses Buch nicht verstauben zu lassen. Schenke es jemandem, der gerade schweren Liebeskummer hat, denn vielleicht werden diese Räume dieser Person mehr helfen als dir. Oder genieß einfach die wunderschönen Gedichte und die Poesie in diesem Buch.

Sehr wichtig, solltest du ein Mann sein und dies lesen: Ich werde meine Worte in diesem Buch vor allem an Frauen richten. Jedoch nicht, weil diese Lektüre nur für Frauen geeignet ist. Die meisten Leserinnen sind Frauen, und es ist gut, wenn man beim Schreiben eine Linie verfolgt. Lass dich davon nicht irritieren, meine Worte gelten für alle Menschen.

Doch jetzt genug mit den einleitenden Worten. Es kann beginnen! Es ist ein neues Kapitel, ein neues Leben!

Vorbei mit Herzschmerz, Liebeskummer und Selbstmitleid, du wurdest geboren, um das Leben in seiner schönsten Art zu erleben und glücklich zu sein.

Und jetzt beginnt diese Zeit …

DIE FÜNF RÄUME

Du wirst in diesem Buch fünf Räume betreten. Diese fünf Räume symbolisieren jeweils die Phase, in der du dich gerade befindest.

In einigen dieser Räume wirst du schnell zum nächsten Bereich kommen. Bei bestimmten wirst du länger verweilen, je nachdem, wie stark du dich mit dem Raum identifizieren kannst. Es kann aber auch passieren, dass du von Raum 3 zurück zu Raum 2 kehrst, weil du für Raum 3 noch nicht bereit warst. Es ist okay, auch das gehört dazu.

Wenn du aktuell unter Liebeskummer oder Depressionen leidest, verursacht durch einen Mann oder wegen der Liebe zu einer Frau, dann solltest du definitiv in Raum 1 beginnen.

In diesem Buch werden spezielle Briefe an dich gerichtet sein, lass dich überraschen. Unter anderem beinhaltet dieses Buch, wie schon im Vorwort erwähnt, Gedichte, Poesie und Zitate. Es sind Texte, die ich mit 15 Jahren bis zum heutigen Datum geschrieben habe, viele unveröffentlichte, viele private an Aaliyah, Isabella, Johanna und Alexandra, also einige sehr intime, schmerzerfüllte Briefe. Alle Texte sind zu 100 Prozent von mir.

In diesen Räumen wirst du langsam dein eigenes ICH kennenlernen. Du wirst Erkenntnis darüber erlangen, wie Leid sich im Herzen entwickelt und warum.

Fragen wie »Wieso ist es so schwer loszulassen?«, »Wie überwinde ich Herzschmerz?« oder »Wie werde ich im Leben wieder glücklich?« werden nach und nach beantwortet.

Ich weiß, dass du im Moment keine Lust auf diese Anstrengung hast, aber um deinen Schmerz zu bewältigen, musst du wissen, wie Schmerz entsteht und warum er bei manchen schnell vorübergeht und bei anderen länger andauert. So wirst du dich selbst verstehen und auch anderen vielleicht besser helfen können.

Ich stelle dir nun die Räume vor.

Raum 1

Seelenschmerz – Als er kam, brannte dein Herz.

Dies ist der erste Raum und gleichzeitig der härteste. In dieser Zone wirst du dich mit deinem Schmerz, deiner Wut und den Schuldgefühlen konfrontieren müssen. Du wirst in Raum 1 viele Tränen vergießen. Aber dieser Bereich wird dir helfen, dich erst mal oberflächlich zu reinigen, bevor wir dann im zweiten Raum tiefer in die Seelenarbeit einsteigen werden. In diesem Raum hast dich von jemandem getrennt, den du über alles geliebt hast. Du willst es nicht akzeptieren und hoffst immer noch, dass es eine Chance gibt, wieder zusammenzukommen. An manchen Orten in der Stadt hoffst du, dass die Person dich zufällig sieht. Du folgst ihm auf Instagram und Facebook, schaust, wer bei seinen Bildern den Gefällt-mir-Button klickt, um irgendwie zu erfahren, mit wem er jetzt liiert ist.

Du traust dich nicht, deinen Freunden zu erzählen, dass es zu Ende ist. Du hast immer noch Hoffnung, dass er endlich erkennt, dass ihr zusammengehört, nicht wahr? An manchen Tagen empfindest du Hass für ihn, an anderen Tagen bist du unendlich traurig. Du denkst, das Einzige, was dich noch retten kann, ist, wieder mit deinem Freund zusammenzukommen.

Das ist Raum 1.

Raum 2

Gefühlsleere – Als er ging, wurde dein Herz zu Asche.

Nachdem du Raum 1 überwunden hast, kommen wir zu Raum 2. In dieser Zone wirst du unter schweren Stimmungsschwankungen leiden.

Du fühlst dich inzwischen hilflos und leer in der Seele. Du hast den Glauben an Männer und auch an die Liebe komplett verloren. Du denkst dir die ganze Zeit, dass es nur noch falsche Kerle gibt und du in deinem Leben nie wieder glücklich werden wirst.

Du gibst dir selbst die Schuld. Vielleicht warst du nicht hübsch genug? Vielleicht hättest du mehr tun sollen?

Zweifel an dir selbst kommen hoch, und du denkst: Ich bin nicht gut genug für einen Mann.

Angstgefühle keimen immer wieder auf. Angst, das Leben alleine nicht mehr meistern zu können.

Dann steigen diese unglaublichen Hassgefühle in dir auf. Du wünschst dir so sehr, er soll genauso leiden wie du, und in manchen Momenten malst du dir schlimmere Dinge aus, zum Beispiel einen Autounfall. Selbst den Tod wünschst du ihm.

Und dann versuchst du es wieder, ein letztes Mal noch. Du schreibst ihn an, weil diese kleine Hoffnung noch da ist, doch auch das scheitert. Und du denkst dir: Was denkt sich dieser Penner, wer er ist? So einen dummen Typen brauche ich nicht.

Du verlierst dich selbst, deine Gefühle machen dich böse und krank, elend vor Rache, schwach vor Leid: Ich werde dir das Leben zu Hölle machen, keiner lässt mich so fallen!

Diese Phase ist mit viel Wut und Rache getränkt.

Raum 3

Seelenheilung – Jemand findet dein Herz.

Du hast die Hoffnung aufgegeben, jemals wieder mit ihm zusammenzukommen. Nach dem Leiden, der Wut und der Verzweiflung merkst du langsam, dass das Leben mehr zu bieten hat als eine Beziehung mit deinem Ex. Rachegefühle verlieren ihren Wert, die Wut hat sich langsam gelegt.

Nun fängst du an, das Leben Stück für Stück zu genießen. Du gehst wieder öfter raus, holst dir neue Styling-Tipps, meldest dich in einem Fitnessstudio an. Du machst zum ersten Mal wieder Urlaub; mit Freunden oder alleine. Die frische, warme Luft umarmt dich.

Langsam beginnst du, dich wieder selbst zu lieben, auch

wenn dich ab und zu noch die Gedanken an deinen Ex überrumpeln. Der Heilungsprozess ist in vollem Gange.

Raum 4

Gefühlstiefe – Jemand repariert dein Herz, gibt ihm Wärme und die rote Farbe zurück.

Du erkennst jetzt, dass die Trennung von deinem Ex die richtige Entscheidung war. Du begreifst, dass er es nicht wert war und du ohne ihn definitiv glücklicher sein wirst. Die Trennung gab dir Stärke und Mut. Du bist gereift, verstehst vieles jetzt anders. Du weißt jetzt, was dir in einer Beziehung wichtig ist und was nicht. Dir ist nun bewusst, was für eine Art Mann du suchst. Du bist bereit, selbst zu entscheiden, ob du noch Single bleiben möchtest oder jemand Neues kennenlernen willst.

Du bist wieder glücklich. Jetzt bist du bereit für den letzten Raum.

Raum 5

Seelenfrieden – dein Herz schlägt und strahlt wieder, und das in einer Art, die du niemals für möglich gehalten hast. Und die, die es reparierte, warst du selbst.

In diesem Raum hast du deinen Seelenfrieden gefunden, die innere Ruhe. Du wirst das Leben mit anderen Augen betrachten. Du wirst wacher und ruhiger sein, entspannter Entscheidungen treffen. Du wirst die Fähigkeit lernen, Nein zu sagen. Und du wirst die Erkenntnis gewinnen, was Liebe wirklich bedeutet und wie du sie erkennst. Du wirst vieles klarer sehen.

Und dann, ja, dann endlich hast du deinen Seelenfrieden.

Diese fünf Räume werden dich für mehrere Tage, Wochen, Monate oder sogar Jahre stets begleiten. In manchen Räumen wirst du wochenlang verweilen und das Gefühl haben, nie wieder rauszukommen. Aber wenn du es wirklich willst, wirst du es schaffen. Ich glaube fest an dich.

Aber nicht jeder wird alle diese fünf Räume durchlaufen …

Weil sie wieder mit dem Ex zusammenkommen werden, aber nicht, weil sie erkannt haben, dass er der Richtige ist, sondern weil sie merkten, dass verlassen zu werden und somit allein zu sein zu schmerzhaft ist. Sie geben sich selbst auf und kehren wieder zu einer schlechten Beziehung zurück. Solche Menschen denken sich: Lieber riskiere ich es, dass er mich zum zweiten Mal betrügt, hintergeht, beleidigt und womöglich sogar handgreiflich wird, als jeden Tag unter der Trennung zu leiden.

Manche werden sich nie wieder davon erholen können und wollen auch nicht, dass man ihnen hilft. Ihr ganzes Leben wird sich nur um diese Verlustangst drehen.

Diese Angst kann schlimme Folgen haben: Ich kenne Menschen, die dadurch alkoholkrank wurden oder nur noch mit Tabletten leben konnten. Sie flüchteten sich dann ins Nachtleben. Es gibt sogar Menschen, die sich vor lauter Herzschmerz das Leben nehmen.

All diese Menschen gibt es, aber sie haben leider eines verpasst: sich selbst eine Chance zu geben und dafür zu sorgen, alleine glücklich zu werden.

Mache nicht den Fehler, zu deinem Ex zurückzukehren, wenn die Beziehung schlecht war. Du kannst diesen Verlust überwinden und das Gefühl danach, endlich frei zu sein, wird sich einstellen. Es wird dir eine Glückseligkeit verleihen, einen Seelenfrieden, den dir keine Droge dieser Welt geben kann.

»Von welcher Zeitspanne sprechen wir? Wie lange wird es dauern, Keff?«

Manche meiner Follower auf Instagram und Facebook denken, Liebeskummer sollte nach ein paar Tagen oder Wochen verschwunden sein. Aber die Realität sieht ganz anders aus. Ich habe vier Jahre gebraucht, bis ich es überwunden hatte.

»O Gott. Wie soll ich vier Jahre überleben, Keff? Warum dauert es denn so lange?«

Wie schnell du geheilt werden kannst, hängt immer davon ab, was für ein Mensch du bist. Meistens spielt dein Alter, deine momentane Lebenssituation und ob du Mann oder Frau bist eine große Rolle.

Es gibt manche Menschen, die müssen zweimal oder sogar dreimal auf die Schnauze fallen, um endlich zu erkennen, dass es besser ist, sich von dieser Beziehung zu trennen.

Natürlich wäre es leichter für dich, wenn du dich einfach neu verlieben könntest. Es wäre schöner, direkt in die nächste Beziehung zu fliehen, um bloß nicht diesen Schmerz zu erleben. Aber wie kannst du stärker werden, wenn du dein Glück und deinen Frieden immer wieder in die Arme eines anderen legst?

»Aber was ich mich frage, ist: Warum können andere mit einer Trennung super umgehen? Ich kenne Frauen, denen scheint es gar nicht nahezugehen, und ich zerbreche daran, wie machen die das?«

Eines sollte dir klar sein: Nur, weil jemand äußerlich stark wirkt, muss diese Person nicht auch im Herzen unantastbar sein. Es gibt viele von uns, die super schauspielern können und denen man nichts ansieht. Bei denen, die eben nicht gut schauspielern können, merkst du direkt, dass es ihnen nicht gut geht.

Vor allem bei Männern ist das sehr häufig der Fall. Ein Mann, der wegen einem Mädchen vor seinen Kollegen heult, wird meist als »Pussy« abgestempelt. Deshalb reden Männer selten mit Kollegen und Freunden über ihre Gefühle. Sie sind damit beschäftigt, sich das Ganze nicht anmerken zu lassen. Männer sind auch schneller bereit, eine neue Beziehung einzugehen, obwohl sie mit der alten noch nicht abgeschlossen haben. Wiederum andere flüchten sich oft ins Partyleben. Sie betäuben ihren Schmerz mit Alkohol und dem Vergnügen mit anderen Frauen. Doch wenn sie alleine sind, brechen sie zusammen, weil der Schmerz und der Druck sie seelisch zerstört.

»Ja, ich verstehe dich schon, aber trotzdem gibt es immer Menschen, die hervorragend damit umgehen können. Was haben diese Menschen, was ich nicht habe?«

Nun, viele Faktoren spielen eine Rolle, warum sie damit gut umgehen können. Handelte es sich um die erste Beziehung oder schon um die dritte? Haben sie schon einmal eine Trennung erlebt? Haben sie schon einmal jemanden verloren? Kennen sie den Schmerz bereits? Wie lange waren sie zusammen, und welche Art Mensch sind sie? Wie haben sie sich getrennt? All das spielt eine große Rolle dabei, warum manche Leute eine Trennung besser verkraften können als du. Trotz allem kannst und wirst du mit diesem Buch ein neues Leben beginnen.

Ich will dich um etwas bitten, bevor du die Räume betrittst: Stell mir in der gesamten Zeit bitte keine Beziehungsfragen über Facebook und Instagram. Dieses Buch ist dafür da, dass ich direkt zu dir sprechen kann. Um einem Menschen zu helfen, ist meiner Meinung nach das Chatten auf sozialen Netzwerken nicht das Richtige.

Und jetzt atme einmal tief ein und wieder aus. Du betrittst nun den ersten Raum …

RAUM 1

Seelenschmerz

Willkommen im ersten Raum.

Ich danke dir für deinen Mut, diesen Raum zu betreten. Das ist der Beginn einer spannenden Reise, einer Reise zu neuer Stärke und einem neuen Ich.

Bevor wir mit der Therapie und der Reinigung deines Schmerzes beginnen, ist es sehr wichtig, dass du überhaupt verstehst, warum du dich so fühlst, wie du dich fühlst.

Hast du direkt eine Frage an mich?

»Ja. Wieso verdammt noch mal leidet man so sehr unter einer Trennung?«

Ich weiß, dass du keinen wissenschaftlichen Quatsch hören möchtest. Das Einzige, was du jetzt willst, ist, endlich diesen Liebeskummer loswerden, am besten in den nächsten Tagen oder Wochen, stimmt's? Aber vertraue mir, erst wenn du weißt, wie deine Seele und dein Herz arbeiten, wie Herzschmerz entsteht, kannst du für die Zukunft alles viel besser verarbeiten.

Du musst mir da vertrauen.

Damals hattest du dich für die Beziehung entschieden, weil du von ganzem Herzen daran geglaubt hattest, endlich den Mann fürs Leben gefunden zu haben, nicht wahr? Jemanden, der dich versteht, der dir Liebe gibt und dir zeigt, dass du wertvoll und wunderschön bist. Er schenkte dir viel Aufmerksamkeit, machte dir Komplimente, und seine Worte waren immer ehrlich und glaubhaft, er war wie Zucker für dich. Als ihr zusammenkamt, fingst du an, dich an diese wunderschönen Momente zu gewöhnen. Es gab lange Telefonate, in denen du ihm deine Wünsche und Ängste offenbaren konntest. Du erzähltest ihm Dinge, die du sonst niemandem erzählt hättest, nicht mal deiner besten Freundin. Er hielt deine Hand beim Spazierengehen. Dann kamen die ersten körperlichen Berührungen. Der erste Kuss. Zusammen kochen und danach kuscheln. Und schließlich der erste Sex, vielleicht war es sogar dein erstes Mal. Vielleicht verbrachtest du mit ihm deinen ersten Urlaub mit einem Freund. Du hast ihn stolz deinen Freunden und vielleicht sogar deinen Eltern vorgestellt.

Ihr hattet zwar mal Streit oder eine hitzige Diskussion, aber nichts, was deine Liebe zu ihm geschmälert hätte. All diese Dinge stärkten deine Liebe zu ihm sogar noch mehr. Du fingst an, Pläne mit ihm zu schmieden, wo ihr gemeinsam noch mehr Urlaub machen oder in ein paar Jahren leben könntet, wie viele Kinder ihr euch wünscht und, und, und. So viele Pläne hattest du mit ihm.

Und dann sollte es einfach so vorbei sein? Einfach so? Die Beziehung war nicht perfekt, aber welche Beziehung ist schon perfekt? Das dachtest du, oder?

Also fingst du an, um die Beziehung zu kämpfen. Du hast so sehr gehofft, dass sich etwas ändert, dass er sich ändert. Du glaubtest fest daran, dass nur er dich glücklich machen kann, nicht wahr? Und jetzt ist es endgültig vorbei? Einfach so? Du stehst vor einem Scherbenhaufen. Du musst dich von deinen Plänen und eurer gemeinsamen Zukunft verabschieden. Eltern und Freunden musst du beichten, dass es vorbei ist. Dieses Schamgefühl, dass es ausgerechnet dich trifft. Du hast es immer von Freundinnen oder Freunden mitbekommen, aber nie daran gedacht, dass es dich mal treffen könnte. Keine »Gute Nacht, ich liebe dich«-Nachrichten mehr. Keine Telefonate mehr. Keine gemeinsamen Unternehmungen mehr. Selbst den Streit beginnst du zu vermissen. Er wird dir nie wieder sagen, wie wertvoll du bist, wie wunderschön. Diese und viele andere Gedanken machen dich unendlich traurig.

Und dann entsteht eine große Leere in deinem Herzen. Dieses schmerzhafte Gefühl, das dich jetzt quält, entstand durch die Wünsche, die Hoffnungen und Erwartungen, die du an die Beziehung hattest. Und die sich nicht erfüllt haben. Genau darin lag das Problem: Du hast deinen Lebensinhalt auf diese eine Person ausgerichtet.

»Traurig, aber wahr. Aber eine Ergänzungsfrage hätte ich noch: Warum komme ich, obwohl er mir nicht gut tut, einfach nicht von ihm los?«

Die Droge der Liebe ...

Seine Liebe war wie eine Droge für dich, die dich sofort süchtig machte. Wenn jemand ein Rauschmittel von heute auf morgen nicht mehr nehmen würde, was würde dann mit ihm passieren? Ganz genau. Der Körper würde mit diesem plötzlichen Abbruch erst einmal nicht klarkommen, es würden Entzugserscheinungen entstehen. Die Folgen wären Schlaflosigkeit, körperliche Beschwerden, starke Stimmungsschwankungen bis hin zu Depressionen und Selbstmordgedanken.

Natürlich klingt das jetzt sehr hart. Aber du erlebst aktuell genau dasselbe, denn die Droge war die Liebe, die er dir gab. Sie tat deinem Körper und deiner Seele gut, sie befriedigte dich. Deshalb sage ich auch, du hast im Moment nicht die Sehnsucht nach deinem Freund, sondern starke Sehnsucht danach, wieder geliebt zu werden.

Ein Beispiel …

Wenn dir jemand Drogen gibt, tut dir dann der Drogendealer gut oder die Droge? Richtig, es ist die Droge. Dein Ex-Freund war nichts weiter als dein Drogendealer. Das Schlimme daran ist, dass der Schmerz nicht wie eine Lampe funktioniert, die man einfach so ausschalten kann. Aber du wirst das Gefühl des Schmerzes nicht für immer in dir tragen.

Du leidest, weil du ein Mensch bist.

»Okay, Keff, ich verstehe jetzt ein wenig. Aber wie kann ich, verdammt noch mal, mit diesem Schmerz umgehen?«

Es gibt viele grobe Fehler, die wir machen, wenn wir mit unseren Gefühlen am Ende sind. Man kennt das doch: Du bist frisch getrennt, hast starke Sehnsucht nach ihm und verspürst Herzschmerz. Dir geht es einfach nur beschissen. Und deine Freunde geben dir immer dieselben Tipps:

»Weine ihm keine Träne nach, er ist es nicht wert.«
»Sei stark!«
»Versuche, nicht an ihn zu denken.«
»Lass uns feiern gehen.«

Ich aber sage dir:

- Nimm dir die Zeit und weine so viel, wie du kannst.
- Schwach zu sein, ist keine Schande. Es zeigt, dass du Gefühle hast.
- Denke ruhig an die Beziehung. Schreibe deine Gedanken am besten auf. Teile sie mit jemandem, dem du vertraust.
- Verstecke dich nicht hinter Partys und Alkohol.

Ich glaube fest daran, dass es Großartiges vollbringen kann, wenn man Gefühle und Emotionen auf ein Blatt Papier bringt. Es lindert deinen Schmerz. Kaufe dir ein Notizbuch und schreibe deine Gefühle auf. Du musst dafür keine Poetin oder Dichterin sein. Es geht darum, deine Gedanken loszuwerden. Das Schöne daran ist, dass es deine persönlichen Texte sein werden. In diesem Notizbuch werden all deine Wut und deine Trauer stehen.

»Meinst du das ernst, Keff? Ich habe keine Lust, irgendwelche Texte zu schreiben, ich will wissen, wie ich dieses Arschloch aus meinem Kopf bekomme.«

Um dein Leid zu lindern, musst du das Ventil in deinem Herzen öffnen. Indem du all deine Emotionen aufschreibst, hilfst du deinem Herzen bei der Heilung. Es wird anfangen, die Gefühle zu ordnen. Vielleicht wird es dir sogar Spaß machen. Und später, wenn du geheilt bist, kannst du rückblickend erkennen, wie schlecht es dir ging und wie stark du geworden bist. Ein Versuch ist es wert. Tue etwas für deine Seele …

Das Schlimmste sind die Gedanken, die dich davon abhalten, nicht wahr? Ich weiß, dass du es wirklich willst. Ich weiß, dass du glücklich sein möchtest, aber immer wieder grätschen deine negativen Gedanken rein. Sie flüstern dir immer wieder ein, dass es sowieso sinnlos ist, dass du es nicht schaffen wirst und dass er, wenn du nur lange genug wartest, zurückkommen wird.

Ja, diese Gedanken …

Dein Kopf muss lernen, sie dir nicht mehr einzuflüstern.

Ein Beispiel …

Du liebst Burger über alles. Du gehst mit Freunden in ein Fast-Food-Restaurant. Dort sagen sie dir aber, dass du den Burger ohne Fleisch und ohne Salat bekommst.

Du denkst dir: Egal, ich versuche, ihn trotzdem zu essen. Aber dein Kopf wird dir sagen, dass hier irgendetwas nicht stimmt. Wenn du deinen Burger bis jetzt immer mit Fleisch gegessen hast, ist diese Situation für dein Gehirn nun verwirrend. Es ist die Gewohnheit, einen Burger immer mit Fleisch zu bekommen. Es liegt nicht am Geschmack, sondern einfach nur daran, dass etwas fehlt.

Und so ist es auch mit der Beziehung. Dein Kopf sagt dir, dass es nicht richtig ist, ohne ihn zu leben. Aber mache dir keine Sorgen, daran werden wir arbeiten.

Nun wird es auch Zeit, Freunden und Verwandten davon zu erzählen.

»Warum, Keff? Die müssen es ja nicht sofort wissen, ich kann mir da doch Zeit lassen.«

Wenn du es Freunden und Verwandten erzählst, wirst du besser akzeptieren können, dass es wirklich vorbei ist.

Einige Familienangehörige oder Freunde neigen dazu, dir Mut zu machen, dass es wieder klappen wird. Lass dich nicht verführen, halte deine Stellung, und mache ihnen klar, dass es endgültig vorbei ist und sie dir mit diesem hoffnungsvollen Gerede schaden und nicht helfen.

Die Hoffnung

Diese Hoffnung, diese kleine verdammte Hoffnung, die in dir schlummert, die Hoffnung, dass es doch wieder funktionieren könnte, dieser starke Wunsch, dass er einsieht, dass du doch die Richtige bist, bringt dich dazu, Dinge zu tun, die du im Normalfall niemals tun würdest. Wir fangen an, ihn auf Instagram und anderen Kanälen zu stalken. Schon ein Like für das Foto eines anderen Mädchens bringt dich auf die Palme. Und du möchtest direkt wissen, wer diese »blöde Bitch« ist, nicht wahr?

»Aber zurück zu der Frage, Keff: Wie kann ich damit am besten umgehen?«

Akzeptiere, dass die Beziehung zu Ende ist. Das ist wichtig für dich und deine Seele.

Ich weiß, dass du dich jetzt gerade dagegen wehrst. Es ist eine schmerzliche Sache, etwas zu akzeptieren, das so wehtut. Dein Herz will es nicht, ich weiß, aber erinnere dich an den Vergleich mit der Droge. Dein Körper kämpft dagegen an, aber du musst es tun. Deine Beziehung ist vorbei, und diesen Schlag ins Gesicht musst du jetzt aushalten.

Du glaubst immer noch fest daran, dass er sich vielleicht melden wird? Was würde dir das bringen? Du legst dein Glück in seine Hände. Ich will, dass du das Leben auch ohne deinen Freund wieder genießt. Ich will, dass du glücklich bist. Wenn du ihn nicht vergessen willst und immer noch dagegen ankämpfst, wird die Erinnerung an deinen Ex-Freund immer Kontrolle über dich haben.

Willst du das etwa? Willst du jemanden deine Gefühle kontrollieren lassen, der dich nicht schätzt, der dich weggeworfen hat? Willst du etwa mit dem Gedanken leben, dass nur er dich glücklich machen kann?

Entferne diese Hoffnung aus deinem Herzen! Das ist jetzt die große Chance, dich als Mensch kennenzulernen und dich endlich selbst glücklich zu machen.

Sage diesen Satz:
»Die Beziehung ist endgültig vorbei, und ich lege mein Glück nicht mehr in seine Hände.«

Sage ihn noch einmal!
»Die Beziehung ist endgültig vorbei, und ich lege mein Glück nicht mehr in seine Hände.«

Diesen Satz wirst du jetzt öfter sagen müssen, immer und immer wieder. Du verspürst nun einen Schmerz in deiner Seele, oder? Du hast das Gefühl, als ob es falsch wäre, so etwas zu sagen.

Wenn du weinen musst, dann weine, es ist dein Recht. Aber diesen Satz solltest du dir jetzt immer und immer wieder sagen, vor allem dann, wenn du emotional am Boden bist.

»Die Beziehung ist endgültig vorbei, und ich lege mein Glück in meine eigenen Hände.«

Du wirst diesen Raum erst verlassen können, wenn du akzeptiert hast, dass die Beziehung zu Ende ist. Wenn sich dieser letzte Satz als die Wahrheit anfühlt.

Weiterhin Kontakt mit dem Ex-Partner zu haben, ist ein Tabu

Vor allem, wenn es eine schmerzliche Trennung ist, kommt uns oft der Gedanke: Vielleicht können wir Freunde bleiben. Natürlich kann das in Einzelfällen klappen, aber meistens führt es zu einer Katastrophe, vor allem, wenn du noch ein kleines bisschen Hoffnung in dir trägst. Es gibt keinen Grund, immer noch mit ihm befreundet zu sein, und wenn du tief in dich gehst und dich selbst fragst, was dir eine Freundschaft mit ihm bringt, weißt du, dass ich recht habe. Spätestens, wenn er irgendwann eine neue Freundin hat, wird es für dich mehr Schaden als Heilung bringen.

Auch auf sozialen Netzwerken solltest du ihn löschen, auf Facebook und Instagram. Ich weiß, dass das die schwerste Aktion ist, immerhin willst du ihm ja weiter folgen, um herauszufinden, mit welcher »blöden Bitch« er jetzt in Kontakt steht, nicht wahr? Aber das ist alles kontraproduktiv für deine Heilung. Wenn du es noch nicht schaffst, ihn zu löschen, ist es auch okay. Aber denke daran: Mach dich nicht klein, indem du ihm hinterherläufst. Und ihn zu stalken ist Hinterherlaufen!

War die Beziehung wirklich gut?

Der Gedanke, dass er derjenige war, den du gerne geheiratet hättest, lässt dich zweifeln, ob es die richtige Entscheidung ist, ganz damit abzuschließen.

Um dir zu verdeutlichen, dass diese Beziehung zu Recht gescheitert ist, werde ich dir jetzt einige Fragen stellen. Wenn du die meisten Fragen mit Nein statt mit Ja beantwortest, dann war es definitiv die richtige Entscheidung, sich für immer zu trennen.

- Fühltest du dich von ihm zu 100 Prozent geliebt und akzeptiert?
- Fühltest du dich von ihm respektiert?
- Hat er dich nie betrogen? (Dazu zählt auch, mit anderen Frauen zu flirten.)
- Hattest du öfter Angst, mit ihm über Probleme zu reden, weil du nicht wolltest, dass es wieder zu einem Streit führt?
- Würdest du ihn mit seinem Verhalten und der Art, wie er dich zuletzt behandelt hat, heiraten wollen?
- Hattest du sehr oft schlaflose Nächte wegen ihm, weil du wieder einmal enttäuscht wurdest?
- Sagte er dir immer die Wahrheit?
- Konntest du dich bei ihm frei fühlen, oder musstest du dich zurückhalten, sogar verstellen?
- Hat er seine Versprechungen eingehalten?

- Hattet ihr dieselben Ziele, Interessen und Einstellungen im Leben?

Denke über diese Fragen nun ganz genau nach. Wie oft kannst du positiv darauf antworten?

Nimm dir ein Blatt, und schreibe all die Dinge auf, die dir in einer Beziehung wichtig sind. Und jetzt vergleiche dies mit deiner zerbrochenen. War die Beziehung das, was du wolltest? Erst, wenn du feststellst, dass es nicht das war, was du dir gewünscht hast, wirst du langsam erkennen, dass du die richtige Entscheidung getroffen hast.

Ich werde nun mit dir gemeinsam Tag für Tag deine Trauer und deinen Schmerz lindern. Wenn du meinen ersten Roman gelesen hast, weißt du, dass ich fest daran glaube, dass man mit viel Weinen und Herzberührungen Schmerz lindern kann.

Deshalb bitte ich dich: Nimm dir Zeit. Wann immer du alleine und ungestört bist, möchte ich, dass du dir meine Briefe und Lyrics durchliest und dabei das machst, was du zu lange zurückgehalten hast: den Schmerz herauslassen. Ich möchte, dass du dich in die Texte hineinversetzt. Fühle den Text und spüre dabei das Elend, das in dir brennt. Wenn du dabei weinen musst, weine. Lass deinen Schmerz endlich frei. Du bist für dich allein, jetzt darfst du verletzlich sein, und du sollst es auch.

»Ich soll irgendwelche Texte lesen, dann geht es mir besser?«

Im ersten Raum geht es erst einmal nur um deinen Schmerz.

Ich würde dir empfehlen, während des Lesens emotionale Musik zu hören, um erst die Trauer besser spüren zu können und sie danach zu lösen. Ich habe dafür extra eine Playlist mit dem Namen »30 Briefe an dich« erstellt.

Wenn du noch nicht bereit bist, lege das Buch erst einmal weg, und beginne wieder von vorn, sobald du dich stark genug dafür fühlst.

Diese Texte stammen aus der Zeit, als ich betrogen und enttäuscht wurde und unter Depressionen litt. Teilweise handelt es sich um Texte an Aaliyah, der ich nach ihrem Weggang schrieb. Es sind Texte, die bis jetzt niemand kannte.

Wenn du diesen Weg gegangen bist, sehen wir uns auf der anderen Seite des Raumes.

Ich glaube an dich. Bis später …

DIE REINIGUNG

Wir gehören zu den gebrochenen Menschen,
den Menschen,
die einfach nur geliebt werden wollten,
aber jedes Mal aufs Neue benutzt wurden.

Wenn alle wüssten, wie es ist, betrogen zu werden,
wären viele treu.

~

Ich habe überall Narben.
Du siehst sie nicht,
weil du nur die Haut betrachtest.

Brief 1

Ich habe Kopfschmerzen, denn seit Tagen und Wochen weine ich. Ich kann nicht schlafen, habe meinen Appetit verloren, Appetit nach dem Leben, nach dem Lachen, nichts von allem schaffe ich noch richtig. Jede Erinnerung an dich schmerzt. Ich will es immer noch nicht wahrhaben, dass du weg bist. Ich will keine Freundschaft, ich will dich. Es macht mir Angst, fürchterliche Angst, wenn ich daran denken muss, wie du dich neu verlieben wirst, wie du eine andere küssen wirst, umarmen wirst. Die Umarmung, die ich jetzt so sehr von dir bräuchte.

Den Gedanken, dass du mit jemand anderem dein Glück finden wirst, ertrage ich einfach nicht. Du wirst jemand anderen lieben, und ich? Was ist mit mir? Habe ich keine Liebe verdient?

Meine Augen sind rot und geschwollen, so viele Tränen habe ich schon lange nicht mehr vergossen. Mein ganzer Körper ist schwach geworden, sehr schwach. Ich will nicht, dass du einen anderen liebst. Bitte tue es nicht, bitte. Ich werde sterben, wenn ich höre, dass du jemand anderen liebst. Bitte komm zu mir und sag, dass alles gut werden kann. Bitte sag mir, dass du mich liebst. Bitte, bitte, bitte …

Dein Lächeln war ein Ozean voller Leben …

An Aaliyah

Ich weiß, dass du noch irgendwo da draußen bist, denn jedes Mal, wenn die Blumen blühen, spüre ich deine Anwesenheit. Und wir dachten, wir hätten noch so viel Zeit. Es ist ein Seelenschmerz.

Es ist ein tiefer Riss. Unsere Geschichte bleibt für immer, auch wenn deine zu Ende ging. Du lebst in meinen Büchern für immer, dafür habe ich gesorgt, und bald in allen Sprachen dieser Welt.

Weißt du was?

Darauf bin ich wirklich stolz.

Brief 2

Vielleicht sehen wir uns doch wieder, zwischen fremden Menschen und an dunklen Orten, zwischen fröhlicher oder trauriger Musik. Vielleicht finden wir uns dort.

Wir werfen uns dann Worte hin und her und haben uns viel zu erzählen. Wir raufen uns wieder zusammen.

Du gibst mir einen zärtlichen Es-tut-mir-leid-Kuss.

Ich schöpfe etwas Hoffnung.

Wir raufen uns wieder zusammen, lächeln uns an. O Gott, wie sehr ich mir wünsche, wieder glücklich zu sein mit dir …

Du hattest mich zärtlich berührt, ohne mich anzufassen. Heute hast du mich gebrochen, ohne mich anzufassen.

(Geschrieben mit 16 Jahren)
Herzschmerz.

Er legt sich wie eine Decke um mich.

Ich fühle den Schmerz nicht auf meiner Haut, ich fühle ihn tief in der Seele.

Er fließt sanft über mein Herz.

Dieses Gefühl ist so intensiv, es überflutet jede kleinste Zelle meines Körpers. Warum hat mir niemand gesagt, dass ein gebrochenes Herz so wehtun kann?

Ich schaue jedes Mal auf WhatsApp und hoffe auf das Zeichen »schreibt« …

Brief 3

Männer betrügen ihre Freundinnen, weil sie im Leben nichts verpassen wollen.

Früher war es so, dass du eine Freundin gefunden hast, glücklich warst, und mit ihr hast du dein ganzes Leben verbracht. Heute gibt es Diskotheken, soziale Netzwerke (Facebook, Instagram) und die Medien. Und die Auswahl scheint manchen Männer unendlich groß – sie wollen sich nicht festlegen.

Viele Männer bekommen sogar alles von ihrer Freundin. Aber viele von uns werden arrogant und denken sich: Wenn ich sie bekommen habe, dann bekomme ich auch andere. Dieses Gefühl, Macht über ihre Freundin zu haben, das macht sie sehr arrogant. Es ist heutzutage ein Kinderspiel, eine Frau zu betrügen.

Aber, liebe Frauen, ich kann euch versichern, trotz allem gibt es noch gute Jungs, die ich persönlich kenne, die fähig sind, sich nicht vom Teufel verführen zu lassen, die wirklich lieben und ehrlich sind.

Ich kann euch nicht sagen, wie oder ob ihr solche Jungs finden werdet. Aber ein Tipp von mir: Achtet nicht immer auf den krassen Fashionkiller, auf den Jungen mit dem Mercedes oder auf das Model. Liebe Frauen, achtet auf die Worte und Taten, die er sagt und macht, denn das Schönste an einem Mann ist das, was von Herzen kommt.

(Geschrieben mit 19 Jahren)

Das Gefühl, dich zu berühren, ist Befriedigung für die Sehnsucht.

Sie schmeckt so süß, die Liebe.

Ist es wahr, was zwischen uns ist, oder nur ein Trugbild?

Ich kann nicht sehen, wo du hinwillst, wie ein Blinder in einem leeren Raum.

Was fühlst du, wenn du neben mir liegst? Manchmal fühlt sich deine Nähe so hoffnungslos und gleichzeitig so hoffnungsvoll an.

Mit dir fühlt sich alles so schön und doch so bitter an. Alles stimmt, und alles stimmt nicht.

Wie Magnete treffen sich unsere Herzen. Was ist es, was mich zum Nachdenken bringt? Was ist es, was mich zweifeln lässt? Meine Augen füllen sich mit Tränen.

Ist es Liebe, wenn du jemanden berührst und weinen musst?

(Geschrieben mit 21 Jahren)

Ich sinke immer tiefer.

Das Wasser erreicht meine Lungen. Ich fühle mich schwerelos in der unendlichen Tiefe des Meeres. Ich würde so gerne ums Überleben kämpfen. Aber die Kraft fehlt mir dazu, und ich sinke immer tiefer. Der letzte Atemzug ist nur noch eine Erinnerung, wie eine ausgepustete Kerze. Aufgehört zu atmen habe ich schon lange, lange bevor ich ins Wasser fiel.

Ich habe mich verloren, und ich kann nichts mehr dagegen tun.

Ich sinke und erreiche den Boden. Ich bin am Ende meines Lebens angelangt.

(Geschrieben mit 19 Jahren)

Obwohl mein Herz brennt, will ich dir etwas sagen.

In meinem Leben herrschte sehr viel Krieg, und du hast mir endlich den Frieden gebracht, den ich so sehr gesucht habe. Ich mochte vorher keine Männer und wollte auch nichts mit ihnen zu tun haben.

Du hast mich die schönste Seite der Liebe spüren lassen, dafür werde ich dir immer dankbar sein. Du warst alles für mich. Ich meine es ernst, du warst es wirklich. Aber ich lag falsch, und das tut unendlich weh.

Es klingt zwar kitschig, aber ich war noch nie so unglücklich, wie ich es heute bin …

Die schlimmste Qual ist die, bei der du kein
Zeugnis ablegen kannst, nicht erklären kannst,
über die du nicht sprechen kannst.

(Geschrieben mit 16 Jahren)

Ich bin unendlich traurig.

Ich habe mich verbrannt.

Es war die Liebe, und sie war das Feuer in meinem Herzen.

Sie gab mir Licht, Wärme und so viel Geborgenheit.

Als ich ihr zu nah kam, verbrannte ich mich fürchterlich.

(Geschrieben mit 19 Jahren)

Ich liege in meinem Bett und versuche weiter zu atmen. In meinem Kopf dreht es sich nur noch um die Trennung. Es ist wie ein Hämmern. Der Schmerz ist unerträglich. Alles scheint unrealistisch zu werden. Die Stimmen schreien laut nach Erlösung, nach einer Pause. Betrogen zu werden, ist eine schmerzliche Erfahrung.

Ich verletze Menschen,
weil ich selbst verletzt bin …

(Geschrieben mit 19 Jahren)
Dein Leben läuft perfekt, während meines immer mehr
dem Abgrund nahe kommt.

Es scheint so, als ob du ohne mich glücklich sein kannst,
und das tut so unbegreiflich weh. Aber ich kann auch nicht
aufhören, an dich zu denken. Ich kann nicht aufhören, deine Bilder anzuschauen – unsere Bilder.

Ich suche nach etwas Hoffnung, nach einem Zeichen
von dir. Dein neues Glück hat meins zerstört. Und obwohl
wir schon lange keinen Kontakt mehr haben, ist der
Schmerz jeden Tag derselbe.

(Geschrieben mit 21 Jahren)
Du erzählst deinen Freunden, ich sei ein tolles Mädchen
und dass du nicht wolltest, dass es so endet. Du sagst, Du
hast mich wirklich sehr geliebt, mehr als jedes andere
Mädchen.

Aber lässt man ein Mädchen stehen, das man über alles
geliebt hat? Du hast nicht mal um die Beziehung gekämpft,
geschweige denn versucht zu kämpfen. Wenn ich so ein
gutes Mädchen bin, was hat noch gefehlt, damit du mich
nimmst?

Du sagst, die Gefühle reichen nicht aus, du könntest
mich nicht so sehr lieben, wie ich dich liebe.

Ich fühle mich bei den Worten hilflos, ohnmächtig.

Mein Herz,
es schmerzt,
aber keiner fühlt es.
Mein Herz,
es weint,
aber keiner hört es.

(Geschrieben mit 16 Jahren)

Ich erinnere mich an den ersten Tag, als ich dich sah. Das Gefühl, das ich hatte, war wie eine kalte Cola an einem heißen Sommertag.

So erfrischend.

Hübsches Gesicht, ein Top-Körper – sie ließ den Himmel über mir beben.

Ich war mir sicher, ich hätte einen Sechser im Lotto geschafft.

Oh, dieser Herzschmerz.

Wie viel Leid kann mein Herz ertragen? Wie viel Schmerz kann ich aushalten?

Ich war zum ersten Mal verliebt. Ich wollte nur Ehrlichkeit, mehr wollte ich nicht.

Wenn du jemals verliebt gewesen bist, wirst du wissen, was ich meine.

Ich versuche es zu ignorieren, aber versuche mal, eine offene Wunde, die stark blutet, zu ignorieren.

Mein Herz ruft nach ihr und will es nicht akzeptieren. Gott, warum hat mir niemand gesagt, dass Tränen so salzig schmecken, wenn sie deine Lippen berühren?

Warum hat mir keiner gesagt, dass es unheimlich wehtut, betrogen zu werden?

Lieber Gott, ich ertrage diesen Schmerz nicht. Es ist zu viel für mich.

(Geschrieben mit 21 Jahren – aus der Sicht einer Frau)

Ich war ein gutes Mädchen, vielleicht das beste, was du jemals hattest.

Der erste Junge, dem ich mein Herz offenbart habe. Unzählige nächtliche Gespräche. Geheimnisse wurden ausgetauscht, verbotene Gespräche wurden ausgetauscht.

Ich ging nie auf Partys, ich schrieb nie mit anderen Jungs, ich kleidete mich nie zu sexy. Freundschaften wurden gekündigt, weil du es so wolltest.

Ich versuchte, dich mit Geschenken glücklich zu machen, obwohl ich selbst nicht viel hatte. Ich wollte eine gute Freundin sein, vielleicht irgendwann eine gute Frau.

Vor zwei Wochen erfuhr ich, dass du mich hintergehst. Ich behielt es für mich und versuchte, es zu verdrängen. Warum? Weil ich dich so unglaublich liebe. Ich liebe dich einfach zu sehr.

Während du mich jetzt gerade küsst, tut es so weh. Deine Küsse brennen in der Seele.

Ich schließe meine Augen und denke an die schöne Zeit, als ich in den Armen meiner Mutter lag und sie mir sagte: »Niemand wird dir jemals das Herz brechen.« Mama, du hattest unrecht.

Während du mir mein Herz nimmst, während du mir mein Leben nimmst, denke ich an die Zeit, in der ich ohne dich so glücklich war. Ich wünschte mir, ich hätte nie Kontakt mit dir gehabt.

Und so liege ich nun hier und weine …

Ich liebe jemanden, der mir alles genommen hat: mein Herz, meine Freude, mein Glück. Und hinterlassen hat er mir nichts außer Tränen.

Ich habe gelernt,
dass sich hinter jedem Lächeln
ein jungfräulicher Schmerz verbirgt.

Es ist schmerzhaft,
wenn ich dich mit anderen Frauen sehe.
Ich kann es fühlen.

(Geschrieben mit 19 Jahren)

Ich habe ihn verloren, den Menschen, den ich so sehr geliebt habe.

Du warst alles für mich, ich hätte für dich alles aufgegeben.

Dein Verlust erzeugt eine unheimliche Stille in meinem Herzen, eine Stille, die ich vorher nicht kannte.

Du warst ein Mensch, den ich von ganzem Herzen geliebt habe, der Mensch, den ich so sehr gebraucht habe. Mein Lieblingsmensch.

Weißt du eigentlich, dass ich dich nie verlieren wollte, dass ich dich nie so sehr vermissen wollte, wie ich es heute tue?

Du hast hier ein gebrochenes Herz hinterlassen.

(Geschrieben mit 22 Jahren)

Ab und zu erwische ich mich, wie ich unsere WhatsApp-Verläufe lese.

Kennst du diesen Schmerz, wenn du etwas aus der Vergangenheit lesen musst, was immer noch sehr wehtut? Man sagte mir, es wird jahrelang dauern, bis ich wieder klarkommen werde, aber ich bin mir sicher, dass ich es bis dahin nicht überleben werde.

Ich werde hier sterben.

(Geschrieben mit 21 Jahren)

Nein, ich schreibe dich nicht an. Wenn du mit mir reden willst, dann schreibst du von allein.

Doch dann werde ich wieder schwach, extrem schwach, und tue es doch.

Entweder bekomme ich gar keine Antwort oder eine, die mich wieder verletzt. Denn du kannst vielleicht ohne mich leben, ich aber nicht ohne dich.

(Geschrieben mit 27 Jahren)

Ich möchte eigentlich nichts schreiben, weil man immer nur die gleichen Sätze schreibt. Wir sind aber trotzdem mit den Worten zufrieden, nur, um den Herzschmerz nicht zu vermehren. Ich möchte dir schreiben, dass ich es glaube. Ich glaube wirklich, dass du mich hören und fühlen kannst, während ich an dich denke. Du wirst immer in meinem Herzen bleiben, du wirst immer in meinen Gedanken sein.

Habe ich nicht das Recht, glücklich zu sein?

(Geschrieben mit 19 Jahren)
Dein Leben scheint gut zu laufen, während mein Leben stehen geblieben ist. Ich komme nicht mehr voran. Ich vermisse dich immer noch sehr, und ich möchte dieses Gefühl endlich loswerden. Wie am ersten Tag, ich liebe dich genauso wie am ersten Tag. Die Erinnerungen an dich wollen einfach nicht verblassen. Aber du, du hast mich schnell vergessen, du tobst dich aus, du genießt dein Leben, während ich dich bis heute nicht vergessen kann.

Ich schlief, aber war niemals müde.
Ich war am Lachen, aber war niemals fröhlich gewesen.

DER AUSGANG

Nun stehen wir am Ausgang, und dahinter erwartet dich der zweite Raum.

Du hast viel geweint, hast viel dazugelernt und erkennst langsam die Wahrheit. Aber nun ist es mit dem Schmerz noch nicht vorbei, denn mit der Erkenntnis, dass es endgültig zu Ende ist, fängt es erst so richtig an. Deine Emotionen werden anfangen, verrücktzuspielen …

Du kannst gerne noch eine Zeit lang in diesem Raum verweilen, alles noch mal lesen und durchatmen.

Anderenfalls öffne die Tür, und verlasse den Raum jetzt …

RAUM 2

Gefühlsleere

Willkommen im zweiten Raum.

Erst einmal danke ich dir dafür, dass du dieses Buch weiterliest. Es ist eine erneute Bestätigung für dich selbst, dass du dich nicht aufgeben möchtest. Du möchtest deine Seele kennenlernen, dich befreien, oder vielleicht liest du es sogar, um dich vorzubereiten auf das, was vielleicht kommen könnte.

Du kannst stolz auf dich sein.

In diesem Raum geht es um die Leere im Herzen, besser gesagt um diese Einsamkeit, vielleicht Depressionen, den Hass und die Wut, die abwechselnd deinen Körper überschwemmen.

Bevor wir mit der Reinigung am Ende des zweiten Raumes beginnen, werde ich dir wieder erzählen, warum du dich so fühlst, wie du dich fühlst.

»In mir entwickelt sich gerade so eine Einsamkeit, ich kann es nicht schmecken, mein Leben ergibt irgendwie keinen Sinn mehr. Ich habe das Gefühl, nie wieder glücklich zu werden, was passiert mit mir?«

Es ist normal, dass du Hilflosigkeit und Einsamkeit empfindest. Vielleicht kannst du dich selbst nicht mehr ertragen. Es ist nichts Komisches daran, im Gegenteil. Auch ich habe mich nach meiner Trennung sehr einsam gefühlt. Es gab Zeiten, da dachte ich, ich sei stark, ich schaffe das alles problemlos, und im nächsten Moment schoss eine enorme

Einsamkeit durch meine Adern. Dazu kamen die Selbstzweifel.

Ich fühlte mich nicht mehr attraktiv, hässlich im Vergleich zu anderen Männern. Ich bildete mir ein, dass es ganz allein an meinem Aussehen lag. Ich hatte nicht genug Muskeln, nicht genug Style. Ja, es stimmt, ich hasste mich selbst, hasste mein Aussehen, meinen Charakter, einfach alles an mir war verkehrt. Ich fühlte mich wie ein sinkendes Schiff, das kein Rettungsboot mehr hatte.

Das war die härteste und schwierigste Station in meinem Leben, und es wird auch deine schwierigste Phase sein. Diese unterschiedlichen Gefühle in den Griff zu bekommen, wird sich als harter Kampf herausstellen. In dieser Phase entwickeln viele das Gefühl, dass es keine guten Frauen oder Männer mehr gibt. Vor allem Männer denken, es gäbe keine Frauen zum Heiraten mehr. Sie sehen in jeder Frau eine »Bitch«. Für Frauen sind plötzlich alle Männer Arschlöcher, Betrüger und Lügner. Bei manchen Männern entwickelt sich ein regelrechter Hass auf Frauen, und so werden dann die sogenannten Fuckboys geboren. Sie entwickeln ein Rachegefühl und wollen alles ins Bett kriegen, ohne Rücksicht auf Gefühle. Aber in Wahrheit sitzt ein tiefer Schmerz in ihnen, den sie verbergen möchten.

Achtung! Es gibt auch Fuckboys, die einfach nur ihren Spaß haben wollen und den verletzten Jungen vortäuschen. Sie wurden weder betrogen noch sonst etwas, sondern erfinden es, um einen Grund zu haben, ihr böses Spiel zu rechtfertigen. Glaube nicht alles, was man dir erzählt. Lass dich da bloß nicht verarschen!

Aber so weit muss es nicht kommen. Wenn du ein Mann bist, musst du kein Fuckboy sein, und als Frau musst du auch nicht alle Männer verfluchen. Ich werde dir dabei helfen und dir zeigen, dass es auch anders geht, wie du ohne Hass, ohne Partys und Alkohol der glücklichste Mensch sein kannst. Vertraue mir.

Wenn du dich in diesem Raum befindest, kann es passieren, dass du dich gefühlsmäßig wieder zurück in Raum 1 bewegst, vor allem, wenn sich dein Ex unerwartet wieder meldet oder du ihn zufällig siehst und du wieder Sehnsucht nach ihm verspürst. Am besten ist es, gar nicht erst zu antworten, denn denke daran: Das ist dein Leben.

Diesen Satz solltest du immer wieder sagen:

»Die Beziehung ist endgültig vorbei. Ich bin jetzt frei und lege mein Glück in meine eigenen Hände.«

»Warum darf ich ihm nicht eine Chance geben, wenn ich nur mit ihm glücklich werden kann?«

Du brauchst keinen Mann, um glücklich zu sein.

Wenn du dich wieder schwach fühlen solltest, den Drang verspürst, ihn anrufen zu müssen, dann gehe in Raum 1 zurück, lies meine Texte, schreibe deine Gedanken auf. Aber lass dich nicht von ihm manipulieren! Er wird nie wieder deine Gefühle kontrollieren! Du bist kein Hund, du bist ein Mensch!

»Danke, Keff, für deine schönen Worte und die Kraft, die du gibst, aber du hast meine Frage nicht beantwortet: Warum fühle ich mich überhaupt einsam? Warum

finde ich mich nicht mehr attraktiv und gebe mir sogar
selbst die Schuld, dass meine Beziehung nicht funktio-
niert hat?«

Du hast recht.

Erinnerst du dich, was ich dir im ersten Raum über den Drogendealer gesagt habe? Über den Drogendealer und den Entzug? Dein Körper vermisst diese Droge, die Liebe, und will sie unbedingt wiederhaben, also gibt er dir das Gefühl, einsam zu sein. Dein Körper kämpft dagegen an. Es ist dein Liebesentzug. Wie bei einem Alkoholiker, der nichts mehr bekommt und dessen Körper anfängt zu zittern. Dein Körper überschwemmt dich mit Einsamkeit, damit du endlich zurück zu deinem Ex gehst.

Sobald du aufgibst und zurückkommst, wirst du niemals erleben können, wie schön es ist, ohne einen Mann glücklich zu sein. Und ich rede nicht davon, dass du für immer ohne Mann auskommen solltest, nur dass du lernen solltest, dass du niemanden brauchst, um glücklich zu sein.

Du kannst das, ich glaube an dich! Nutze die Chance …

»Moment mal, Keff, du redest davon, warum ich mich
so fühle, okay, ich habe es verstanden, aber wie schaffe
ich es dann, meine Trauer, die Einsamkeit, die Depres-
sionen, die Wut und den Hass unter Kontrolle zu
bekommen? Das ist ja mein Problem, ich bekomme
diese Leere, die Wut und all das nicht in den Griff.«

Schau.

Erst einmal solltest du all diese Gefühle annehmen und

sie nicht unterdrücken. Deine Emotionen zu unterdrücken, ist der Fehler.

Vertraue mir jetzt und tue folgende Dinge:

- Höre endlich auf, stark sein zu wollen.
- Höre auf, zu schauspielern.
- Höre auf, jeden Tag eine Maske aufzusetzen.
- Lass deine Trauer über die Beziehung frei.
- Gesteh dir selbst ein, im Moment sehr schwach zu sein.

Warum solltest du nicht das Recht haben, zu weinen? Nimm dir Zeit, wenn du alleine bist, und weine, wenn dir danach ist.

Ich möchte, dass du nun diese Worte sagst, laut oder in deinen Gedanken: »Ich bin in diesem Augenblick nicht stark. Ich fühle mich sehr einsam und allein. Ich habe jemanden verloren, den ich sehr geliebt habe.«

Wiederhole den Satz.

Tue nun erst einmal Folgendes: Nimm dir jeden Abend, wenn du Zeit findest, das Recht, alleine zu sein und durch die Reinigung, die jetzt gleich kommen wird, zu trauern. Ich möchte, dass du wirklich trauerst.

Ich weiß, das klingt sehr fremd für dich, denn das Trauern kennen wir hauptsächlich aus Zeiten, wenn jemand gestorben ist. Aber in diesem Augenblick ist deine Beziehung gestorben. Vertraue mir, es wird dir danach viel besser gehen.

Wie bereits in Raum 1 darfst du auch hier, falls dir danach ist, deine Gedanken aufschreiben.

»Aber was ist, wenn ich bei der Arbeit bin und diese tiefe Trauer auftaucht oder ich mich einfach schlecht fühle? Was dann, Keff?«

Folgende Dinge können dir in diesem Moment helfen:

- Trainiere deine Seele und deinen Körper. Denke zunächst abends, wenn du alleine bist, an die Trennung und den Schmerz, um tagsüber in Ruhe deinen Job zu erledigen.
- Kontaktiere Freunde, und unternimm ab und zu langsam wieder etwas. Ein Filmabend mit Freunden oder Freundinnen reicht für den Anfang. (Keine Party, kein Alkohol!)
- Versuche, deinen Körper wieder zu aktivieren. Melde dich in einem Fitness- oder Tanzstudio an, beginne zum Beispiel mit Yoga oder meinetwegen auch Karate. Hauptsache, du bewegst dich wieder. Aktiviere deinen Körper, dies wird dir helfen.
- Fange an, dich wieder hübsch zu machen. Probiere neue Styling-Tipps oder gönne dir eine neue Frisur. Kümmere dich mehr um deinen Körper, du hast nur diesen einen.
- Wenn du es bis jetzt noch nicht getan hast, dann wird es Zeit, es zu erledigen: Schmeiße alle Fotos, Klamotten, Geschenke und Parfüms weg, wirf alles in den Müll, was dich an deinen Ex-Freund erinnert. Fange am besten mit den Fotos an. Jetzt! Worauf wartest du? Tue es jetzt!
- Sehr, sehr wichtig: Vermeide es, deinen Ex zu kontaktieren. Zum Kontaktieren gehört auch, Bilder auf Ins-

tagram zu liken oder Ähnliches. Erst, wenn du den Schmerz überwunden hast, steht dir frei, zu machen, was du willst, aber zurzeit ist der Schmerz noch zu stark.

- Wenn du Lust verspürst, rauszugehen und zu feiern, hast du natürlich das Recht dazu, aber vermeide in dieser Zeit Alkohol und andere Drogen, die deinen Geist und deinen Körper beeinflussen. In dieser Situation könnte dich der Schmerz wie ein Panzer überrollen, und du hättest keine Kontrolle über deine Gefühle.

- Sei dir selbst nicht böse. Sei geduldig mit dir. Es ist okay, dass du jetzt schwach bist.

- Flüchte dich bloß nicht gleich in eine neue Beziehung. Dies wird die Situation vielleicht erleichtern, aber niemals heilen.

- Tabletten würde ich dir nicht empfehlen, denn diese unterdrücken zwar den Schmerz, helfen jedoch nicht langfristig.

- Wenn du das Bedürfnis verspürst, mit jemandem zu reden, rufe deine Freunde an, die dir zuhören. Auch für Jungs ist es wichtig, zu reden. Wenn du dich das mit einem Freund nicht traust, rufe eine gute Freundin an. Und wenn du beides nicht hast, google »Seelsorge anrufen«. Da findest du viele Telefonnummern, die du anrufen kannst, wenn du Probleme hast. Oder schreibe alle deine Gefühle auf und veröffentliche deine Texte anonym auf Instagram oder Facebook. Egal, welchen Weg du gehst, deine Gefühle müssen ausgesprochen werden. Schlucke sie nicht herunter.

- Ich bitte dich noch einmal: Wenn du merkst, dass deine Selbstmordgedanken nicht weggehen, gehe zum Arzt. Nimm das bitte nicht auf die leichte Schulter.

Ich wünsche dir jetzt viel Kraft bei der Reinigung. Nimm dir auch hier die Zeit, die du brauchst. Auch hier kann die passende Musik hilfreich sein. Nimm deine Kopfhörer, und spiele die Musik ab. Dies wird dir helfen, das Ganze besser zu verarbeiten.

Wir sehen uns später …

DIE REINIGUNG

Sie fragten mich mal, wo mein Zuhause sei. Ich erzählte denen von dir, von deinem Lächeln und deiner Umarmung, die mir so guttat.
Heute sehe ich, wie mein Zuhause in Flammen steht.

Manchmal wünsche ich mir, unsere Erde wäre ein Videorekorder und unser Leben die Kassette, weil ich unsere Zeit dann zurückspulen könnte, um die schönsten Momente, die wir hatten, anzuhalten.

Brief 4

Hallo mein Herz,

ich höre dich schon lange nicht mehr schlagen. Ich kann das verstehen, denn es gibt in meinem Leben nichts mehr, worauf ich mich noch freuen kann. Ich habe alles verloren, wirklich alles. Mein armes Herz, ich vermisse die vergangenen Jahre, in denen du voller Lebensfreude geschlagen hast. Ich verstehe, falls du sauer auf mich bist, mein Herz. Wenn du enttäuscht darüber bist, dass ich einfach so aufgegeben habe, tut es mir unendlich leid. Ich schaffe es nicht mehr. Ich möchte sterben, einfach nur tot sein. Schlaf gut, mein Herz. Es tut mir unendlich leid, dass ich dich nicht mehr schlagen höre …

Wenn meine Trauer das Meer sein soll, hättest du mir das Schwimmen beibringen sollen.

(Geschrieben mit 16 Jahren)
Manche kaufen sich die Liebe und betäuben damit ihren Schmerz. Manche manipulieren sie und betäuben ihr Herz, aber der Schmerz wächst und gedeiht weiterhin.

(Geschrieben mit 21 Jahren)

Ich dachte, ich schaffe es wirklich, dich zu vergessen. Aber jedes Mal, wenn ich nicht mehr an dich denke, passieren komische Dinge, und das Gefühl kommt wieder, dass nur du der Richtige für mich bist, sonst gibt es niemanden. Ich habe geglaubt, ich schaffe es wirklich ohne diese ständige Sehnsucht nach dir, doch ich lag falsch. Weißt du eigentlich, dass ich immer noch von dir träume? Ja, ich gebe es zu, ab und zu tue ich es immer noch.

Alle meine Freunde fragen mich, ob alles bei mir okay ist. Weil ich so leise geworden bin.
Sie meinen nicht die Stimme.

≈

Ich habe wochen- und monatelang gebetet, dass du zurückkommst, weil ich ununterbrochen nur an dich gedacht habe. Mein größter Wunsch wäre es gewesen, alles zu vergessen und wieder neu anzufangen.

(Geschrieben mit 22 Jahren)

Dieses Leben ist eine Qual. Ich sehne mich nach dem Tod wie ein Durstiger nach dem Wasser.

Ich habe mehr Narben im Herzen als Liebe, habe so viel Leid ertragen müssen, dass ich wie ein Kartenhaus in mich zusammenfalle. Ich fühle mich wie eine Kerze, die ausgepustet wurde und deren Rauch die traurige Erinnerung an etwas ist, das den Raum verdunkelte.

Du bist wie ein Tattoo auf der Haut, nur mit viel Schmerz kann ich dich loswerden.

Ich versuchte, die Wand in meinem Leben neu zu streichen, doch ich fand die bunten Farben nicht. So entschied ich mich für Schwarz, denn dies spiegelt die Farbe meines Herzens wider.

(Geschrieben mit 19 Jahren)

Ich danke dir sehr für den Schmerz in der Seele und die vielen Tränen. Ich danke dir für die schlimmste Zeit meines Lebens.

(Geschrieben mit 21 Jahren)

Dass du unsere Beziehung einfach in den Müll geschmissen hast, lässt mich nachts nicht mehr schlafen. Egal, was ich tue, ich fühle mich falsch, ich fühle mich nicht mehr geliebt. Ich fühle keine Liebe mehr, sondern nur den Schmerz, und der brennt fürchterlich. Ich versuche, die Belastung zu verdrängen, zu vergraben, aber sie taucht immer wieder auf und lässt das Herz bluten. Als ich erfahren habe, dass du etwas Neues gefunden hast, bedeutete das mein Ende. Ich weinte viel, aber heimlich, damit Freunde diesen Schmerz nicht sehen konnten.

Eigentlich will ich, dass du weißt, wie sehr ich leide. Ich will, dass du weißt, wie viel ich schon geweint habe. Ich verhalte mich dir gegenüber stark, will dir zeigen, dass ich dich nicht brauche, aber die Wahrheit ist, ich brauche dich mehr als je zuvor. Nein, eigentlich brauche ich etwas, das die Leere in mir wieder füllt. Mein Kopf ist voll, verwirrt, meine Gedanken sind durcheinander. Ich weiß nicht, ob ich es jemals vergessen kann.

Gott, bitte rette mich …

Ich will einfach nur alleine sein, so kann mich nie wieder jemand enttäuschen.

(Geschrieben mit 18 Jahren)

Nachdem du mich aufgegeben hast, meldest du dich bei mir und fragst, wie es mir geht?

Obwohl ich es frech finde, erzähle ich dir, dass alles gut ist, wir quatschen noch ein bisschen, und es fühlt sich fast an wie früher, so, als wärst du nie weg gewesen.

Mitten im Gespräch realisiere ich aber, dass es nie wieder so sein wird, wie es war.

Egal, was ich sage, ich kann und werde dich nicht halten können.

Ich habe dich nicht erst seit heute verloren, du warst schon während der Beziehung nicht mehr da.

Auch wenn ich immer noch zuhöre, wie du sagst, dass ich ein gutes Mädchen bin, kommen mir die Tränen, und ich kann mein Weinen nicht verbergen. Und du fragst mich, was mit mir ist, ob du mir irgendwie helfen kannst.

Als würde es irgendetwas ändern. Du bist ein Idiot, dass du es überhaupt wagst, mich anzurufen, nach allem, was du mir angetan hast.

Dein Anruf ist so etwas wie Hoffnung, dein Auflegen ein Herzbruch.

Brief 5

Wir waren so lange zusammen. In dieser Zeit war ich immer für dich da. Ich habe dir immer zugehört, als du jemanden zum Reden gebraucht hast.

Ich habe dir gesagt, dass ich dich liebe, obwohl es mir schwerfällt. Ich war immer für dich da, so gut ich konnte. Ich kann mich noch an deine Worte erinnern: »Schatz, ich liebe dich über alles. Ich bin nicht wie die anderen, ich würde dich niemals verletzen. Gib mir eine Chance.« Du weißt, dass ich anfangs keine Beziehung wollte, du weißt, ich hatte Angst davor. Jetzt hast du mich weggeschmissen wie Dreck, als wäre ich nichts wert.

Weißt du, wie weh das tut?

Weißt du, wie ich mich fühle?

Ich weiß, dass ich nicht immer perfekt war. Aber jetzt gehst du auf Partys, hast neue Mädels am Start. Ist es das, was du wolltest? Dass ich hier sitze und leide? Ich habe dich sehr, sehr geliebt.

Ist das nicht das Wichtigste? Ich kann es nicht ertragen, dass du weg bist, ich schaffe es einfach nicht. Ich schaffe es einfach nicht einen Tag ohne dich.

Ich wünschte mir, du würdest diesen Text lesen, damit du weißt, dass du ein Idiot bist.

(Geschrieben mit 22 Jahren)

Jeden Tag frage ich mich, was für einen Sinn mein Leben noch hat. Wie soll es jetzt weitergehen? Ich habe schon lange keinen guten Tag mehr gehabt. Ich bin glücklich, aber nur von außen, damit sie nicht über mich reden müssen. Ich tue viel, damit man mir nicht ansieht, dass ich das Leben nicht mehr leben möchte. Ich bin zu einem guten Schauspieler geworden. Diese Gedanken, sterben zu wollen, sind real. Manchmal, wenn ich höre, dass jemand einen Autounfall hatte, wünsche ich mir, das wäre ich gewesen. Traurig, dass ich solche Gedanken habe, nicht wahr? Ich will von euch keine Aufmerksamkeit oder Mitleid, das Ganze würde mir ohnehin nicht helfen. Es ist ein komisches Gefühl, sterben zu wollen.

Brief 6

Manchmal heißt Liebe auch loszulassen, um einfach wieder glücklich zu werden.

Kein Weinen und kein Leiden mehr.

Immer schweigend alles herunterschlucken, immer lächeln, obwohl es wehtut.

Ist es das, was du wolltest?

Dieses Stechen im Herzen, wenn du bemerkst, dass jetzt alles vorbei ist.

Und dann liest du diesen Text, und dir gehen tausend Erinnerungen durch den Kopf.

Tränen verlassen dein Gesicht und küssen deine Lippen sanft in der Dämmerung.

Ist das Liebe?

Wenn du anfängst, an dir selbst zu zweifeln, haben schlechte Menschen alles richtig gemacht. Du warst Feuer, als er kam, dann wurdest du zu Asche, als er ging.

Jeden Tag stirbt ein Stückchen mehr von mir.
Mein Lachen.
Meine Freude.
Meine Hoffnung.
Bis nichts mehr da ist …

Brief 7

Du lässt niemanden mehr an dich heran. Manchmal ist es besser so, nicht wahr? Nach all den Enttäuschungen kann ich dich verstehen. Ich weiß, dass du nach Antworten suchst, warum du im Moment so unglaublich unglücklich bist. Es ist okay, wenn du weinen musst.

Es ist okay …

Es ist kein schönes Gefühl, 24 Stunden lang die Starke spielen zu müssen. Du bekommst tausend Komplimente, wie hübsch du doch bist, wie wunderschön du doch bist. Was hat schon die äußere Schönheit für einen Wert? Was bringen dir die tausend Blicke der Männer?

Brief an Aaliyah

Wenn ich glückliche Paare auf der Straße sehe, werde ich an meinen eigenen Verlust erinnert. Es tut weh, dass du nicht mehr hier bist. Die Wunde, die du nach deinem Weggang hinterlassen hast; schau, ab und zu sieht man sie noch bluten.

Du fehlst mir, Aaliyah.

Vielleicht wird es in ein paar Jahren leichter, aber ich denke, der Schmerz wird nie vergehen. Ich versuche, mit dem Schmerz zu leben. Alles, was bleibt, sind Erinnerungen, Erinnerungen an etwas, was nie richtig angefangen hat, aber falsch endete.

(Geschrieben mit 20 Jahren)

Ich sah den Tod in meinen Gedanken. Ein trauriger, einsamer und schwereloser Anblick. Ich liebte die Art, wie ich anfangen würde zu sterben, und ich liebte den Ort, wo ich für immer schlafen könnte. Ich wollte so gerne schlafen und nie wieder aufwachen. Ich fühlte mich unglaublich leer und einsam.

Was ist das für ein Leben, wenn du aufwachst und weinen musst, weil du alles hast, doch alles ist nichts, wenn es nichts gibt, das alles ist?

Ich versuche mich zu befreien, nach Luft zu schnappen, und werde ohnmächtig. Ich falle in ein Koma. Ich kann mich nicht bewegen und verstehe schnell, dass mein Tod nicht das Ende ist, sondern erst der Anfang voller Leid und Trauer in meinem Herzen. Der Tod wartet nicht auf uns, sondern wir warten auf den Tod.

Brief an Aaliyah

Du wirst nie mein Herz verlassen, egal, was du tust. Egal, was passiert, ich werde dich immer lieben.

Ich schreibe diese Worte, um Danke zu sagen. Danke für alles, was du für mich getan hast.

Ich möchte nur sagen, ich liebe dich. Ich liebe dich mehr, als mein Herz ertragen kann. Alles hat eine unglaubliche Leere in mir hinterlassen.

Schmerzen aus Gold

Nachts, alles ruhig um mich herum. Trauer trifft
das Leben,

Liebe kämpft mit Problemen.

Ein Sieg oder ein Segen?

Von außen stark, von innen zerbrechlich.

Du liebst mich? Du verletzt mich!

Du verlässt? Verlass mich! Herzschmerz.

Wenn du meinen Wert schätzt, würdest du wissen,
du nimmst mir mein Herz weg.

In deinen Armen weine ich.

Wenn du mich liebst, warum lässt du mich leiden?
Presse den Schmerz durch meinen Atem.

Er fällt wie ein Stein auf den Boden, zerbricht, weil
ich stark bin.

Nein, weil ich schwach bin.

Du hast mich nackt gesehen im Licht der Sterne.
Sie fiel wie Feuer vom Himmel, zerbrach und
ließ alles sterben.

Der Boden ist aus Hass und der Himmel aus Liebe.

Ich nehme die Drogen und sehe mich jetzt fliegen.

Ich habe es genossen wie ein Kind in den Armen
seines Vaters.

Du hast geliebt, so schön und so anders. Herzklopfen, Herzklopfen, du läufst durch das Wohnzim-
mer.

Ich will mich verkriechen, ich merke, wie deine
Hand zittert.

Betrunken, voller Wut sehe ich dem Teufel in die
Augen.

Ich bin unsichtbar, ich bin unsichtbar, ich will es
einfach glauben …
Liebe einen Verräter, du liebst und du fühlst.
Er betrügt, du verzeihst, er lügt, du gibst.
Er schlägt und trifft mich, von innen, von außen.
Ich schreie vor Schmerzen, ich bin wie benom-
men.
Er sucht nach Gründen, um Schläge zu geben,
anstatt Liebe zu geben. Ich bin kriechend am
Flehen.
Es ist Blut an den Zähnen.
Das Leben ist nicht leicht, ich bin oft so allein.
Herzschmerz vereint mit Trauer in einem.
Ich weine täglich, weil er täglich verteilt. Es ist
eklig und kalt, ich bin kränklich und weich. Ein
gefährlicher Kreis.
Du hast mich gebrochen, als ich dich verlassen
habe, weil du es nicht verkraftet hast.
Wie oft willst du mich schlagen, wie oft willst du
verletzen?
Ich bin ertrunken, die Flüssigkeit ist Trauer und
Schmerz.
Siehst du die Tür in der Mitte aus Feuer und so
heiß?
Ich öffne die Tür, sie brennt in mein Fleisch.
Ich bin draußen.
Nach Jahren sehe ich dich wieder, ich bin von
Schmerz befreit.
Ich würde dich gern umarmen, aber du winkst
ganz leicht.

Die Ruhe, mein bester Freund, Seele sucht nach
Geborgenheit.
Du siehst meinen Anblick und siehst, was du
zerbrochen hast.
Ganz bleich bin ich geworden, die Erinnerung
nimmt dir die Freude.
Selbstmord ist keine Lösung. Siehst du mein Grab?
Ich erwarte dich heute.

(Geschrieben mit 26 Jahren)
Ich dachte darüber nach, ob die Wahrheit mich glücklicher
machen würde, und ich sah in mir eine starke Trauer, die
ausgelöst wurde. Während ich die Wahrheit erkannte, erkannte mein Herz die Lüge. Je größer die Wahrheit war,
desto größer der Schmerz. Und umso mehr ich nach der
Wahrheit suchte, umso mehr sammelte sich der Schmerz
in meinem Herzen.

Brief an Aaliyah

Ich sitze hinter Glaswänden. Draußen prasselt der Regen gegen die Fassade des Gebäudes.

Seit du gegangen bist, spielt der Schmerz in meinem Leben die Hauptrolle. Vor allem, wenn andere Frauen mir nicht die Chance geben, ihnen zu zeigen, dass ich ein guter Mann bin, erinnere ich mich daran, dass du es getan hast. Du wurdest ein Engel in meinem Herzen, dann wurdest du zur Illusion meines Unterbewusstseins. Ich sehe dich überall.

Ich habe den Schmerz noch immer hier, Aaliyah. Hinter Glaswänden sitze ich immer noch, während Regentropfen die Glasfassade streicheln. Ich bin dem Zerbrechen nahe. Ich bin eine Skulptur aus Porzellan, man hat mich fallen lassen, und ich zerbrach in tausend Stücke. Oh, Aaliyah, du hast hier ein gebrochenes Herz hinterlassen.

Ich habe die Hoffnung gehabt, dass alles wieder in Ordnung wäre. Heute sitze ich nun hier hinter Glaswänden, während es immer noch regnet – Angst vor dem Leben, Angst vor der Liebe, zerbrechlich wie nie zuvor.

Habe deine Sachen nicht weggeschmissen in der
Hoffnung, dass du zurückkommst. Die Hoffnung
wurde nicht erfüllt, und deine Sachen landeten im
Müll.

~

Wenn dir jemand von seinem Schmerz erzählt
und dabei lächelt, sei dir sicher, er ist daran
zerbrochen ...

Ich bin mit Schmerz geboren, mit Trauer gewachsen, mit Leid gereift. Ich wurde doch nicht geboren, um traurig zu sein.

Hoffnung ist unerträgliches Leiden. Manchmal verliere ich die Hoffnung.

Heute ist wieder so ein Tag. Ich fühle mich einsam, sehr einsam sogar. Ich wünschte mir, ich hätte jemanden – jemanden, der zuhört, mich versteht und vielleicht ein kleines bisschen auch liebt. Ich verlange nicht die große Liebe, ich verlange nur ein bisschen, eine Kleinigkeit, wie eine kleine Prise Zucker in einem Tee.

Heute ist einer dieser Tage, da fühle ich mich untröstlich. Die Traurigkeit, diese unerträgliche Traurigkeit, überkommt mich immer wieder, und ich kann absolut nichts tun, sosehr ich es auch will.

Brief an Amirah

Als ich deinen leblosen Körper im Krankenhaus sah, an diesem Tag habe ich aufgehört zu leben.

Weißt du noch, als ich deine Hand hielt und dir sagte, wir werden es schaffen? Wenn ich ehrlich bin, wusste ich, dass es nur eine Frage der Zeit war. Du hast gehungert, geweint und geschrien. Du hast sehr gelitten. Bei diesem Anblick mit den ganzen Apparaten und Schläuchen fragte ich mich oft: Woher nimmst du diese Lebenskraft? Jeden Morgen hast du mir ein Lächeln geschenkt. Woher hattest du diese Kraft?

Du hast es nicht verdient.

Als wir vor der Tür standen, hast du dich nicht getraut, hineinzugehen. Du sagtest, ich solle deine Hand nehmen und sie nie wieder loslassen, weil durch diese Tür zu gehen Schmerz bedeutete. Was wir erlebt haben, waren Wunden, die zu Narben wurden.

Du hast mich gefragt, was passieren wird, wenn du stirbst. Dieser Satz erzeugte in mir einen tiefen Schmerz, sodass keine Worte meinen Mund, sondern Tränen meine Augen verließen. Du hast mich oft umarmt und ermutigt. Obwohl du es warst, die sterben würde, hast du mich getröstet. Und heute muss ich akzeptieren, dass du nach Hause gegangen bist.

Bei deiner Beerdigung habe ich mir fest vorgenommen, nicht zu weinen. Ich verbot mir selbst, Tränen zu zeigen. Als der Sarg hinabgelassen wurde und ich das Wimmern der anderen hörte, da wurde mir alles klar. Ich hatte es lange genug verdrängt. Zum ersten Mal akzeptierte ich, dass es das Ende ist, und endlich konnte auch ich weinen. Das war das Ende deines Leidens und der Anfang meines Leidens. Ich habe mir fest vorgenommen, mich danach selbst umzubringen.

Jeder muss irgendwann sterben, nicht wahr?

Einen Tag vor deinem Tod sahst du so schwach aus, aber dein Herz war stark. Es war so stark, dass du mir noch ein letztes Lächeln schenktest. Du sagtest zu mir, ich solle keine Angst haben. »Hab keine Angst«, sagtest du zu mir. Ist es nicht das, was du haben solltest? Diese Angst?

Als dein Herz schon ganze zehn Minuten nicht mehr schlug, ließ ich deine Hand immer noch nicht los. Ich konnte sie einfach nicht loslassen, denn ich wusste, es wäre das letzte Mal. Die Tränen streichelten meine Wangen. Aber um ehrlich zu sein, weinte ich nicht um dich. Ich weinte um mich selbst, denn was gab mir das Recht, weiterzuleben, während dir dein Leben genommen wurde? Ich wollte nicht mehr leben, nicht mit diesem Schmerz, und deshalb wollte ich selbst sterben.

Deine Beerdigung war so schmerzhaft für mich. Ich wäre gerne mit dir gegangen. Deine Anwesenheit konnte niemand mehr sehen, nachdem du die Welt verlassen hattest, doch ich spürte sie. Ich spüre sie bis heute immer noch an jedem Morgen, an jedem Abend, an jedem verdammten Tag.

Du sagtest, der Islam ist der Glaube, der dich stärkt. Ich habe es nie richtig verstanden.

Ich nehme täglich Tabletten, um dieses Gefühl zu betäuben. Ja, ich gebe es zu, jetzt wisst ihr es: Ohne diese Tabletten wäre ich längst tot. Ich nehme Tabletten, um die Leere in meinem Bauch zu füllen. Es war unerträglich und wurde immer unerträglicher. Ich komme damit nicht klar, was Gott einem antun kann, dass er jemanden so qualvoll leiden lässt und ihm am Ende auch noch das Leben nimmt. Ich möchte den gleichen Schmerz spüren, den du hattest. Bitte, lass mich den Schmerz spüren! Nur so komme ich mit meinem Leben klar. Ich werde die Hoffnung nicht verlieren, dich nach dem Tod wiederzusehen.

Du fragst dich, was mich so zerreißt? Du möchtest wissen, was passiert ist? Dafür müsste ich dich in meine Welt mitnehmen. Doch in meiner Welt wirst du schnell die Freude verlieren. Es ist kalt und neblig, eine sehr traurige Welt. Ich habe keine Heimat, sondern nur Orte – Orte, die die Heimat nicht ersetzen können. Ich verliere mich oft selbst und »oft« ist viel zu viel.

Brief 8

Schmerz in der Seele zu haben, ist wie innere Blutungen. Niemand sieht sie, aber sie können dich töten. Du willst dich schneiden und spüren, wie das warme Blut deine Arme küsst, nicht wahr? Dieses befreiende Gefühl, wenn der Schmerz vergeht, wer versteht das schon? Wer kann schon deine Gefühle verstehen, deine Qualen?

Sie halten dich für verrückt, für krank. Du bist anders, jedenfalls fühlst du dich so. Du versteckst deine Arme, niemand darf sie sehen. Niemand darf darüber reden. Dein Körper ist mit Narben übersät, wie ein Gemälde. Narben sind traurige Fotos auf der Haut.

Schlafen hilft nicht, wenn deine Seele müde ist. Aber

weißt du was? Der Moment, in dem dir dein Leben sinnlos vorkommt, ist auch der Moment, in dem du allen zeigen kannst, wie stark du bist.

Wenn eine Blume nicht blüht, stellt man sie in ein besseres Licht und schmeißt sie nicht weg. Also schmeiße dich selbst nicht weg. Wir wurden nicht geboren, um traurig zu sein …

(Geschrieben mit 15 Jahren)
Du bist einer von uns, du Herz, das durch staubige Straßen wandert.

Dein Leid hat die Zeit verloren, dein Leid, das Universum.

Man blickt hinein, Dunkelheit, Licht vermag es zu durchbrechen.

Siehe das Licht, du Herz, du bist einer von uns. Ich habe begriffen, die Liebenden, sie reifen.

Du Herz, du vermagst zu stillen den Durst der Einsamkeit.

So holt mir schweres Wasser, vergossen tief in die Seele der Liebe.

Liebe, du Herz, bist einer von uns …

Ich brauche jemanden, der mein Herz pflegt und meine Seele heilt.

Brief an Aaliyah

Ich wünschte mir, ich hätte genug Zeit gehabt, dich besser kennenzulernen, dir zu sagen, wie positiv du mein Leben bereichert hast und dass du das Beste warst, was mir jemals passieren konnte. Aber manchmal wünsche ich mir auch, dass dein Tod auch mein Tod gewesen wäre. Ich möchte dir sagen, dass ich erschöpft bin, sehr erschöpft von diesem Weinen, das mich tagelang nicht schlafen gelassen hat. Ich bin schwach geworden, sehr schwach sogar.

Ich habe niemanden mehr, Aaliyah, niemanden, der mich liebt, so, wie du mich lieben wolltest. Inzwischen ist es mir egal, ob ich sterbe oder nicht. Vielleicht gebe ich auch zu, dass das eigentlich mein größter Wunsch ist, damit ich dich sehen kann, fühlen kann.

Manchmal wünsche ich mir einen Unfall, bei dem ich ums Leben komme. Ich will sterben, weil ich deinen Verlust nicht ertragen kann.

Als ich dich traf, begannen Blumen zu blühen.

∼

Bevor ich die Liebe kannte, pries ich sie hoch an. Nachdem ich sie kennengelernt hatte, löste sie in mir große Trauer aus.

Mein Schmerz unendlich,
Ein Nebel der Verzweiflung,
Traurigkeit kontrolliert mich,
während die Liebe mich verschlingt.

∾

Manche schreiben mit Tinte und nennen es Poesie.
Ich schreibe mit Blut und nenne es Leben.

DER AUSGANG

Du hast es geschafft, du bist am Ende des zweiten Raumes. Die Tür zu Raum 3 liegt jetzt vor dir.

Im dritten Raum fängt dein Herz an zu heilen, aber diesen darfst du nur betreten, wenn die Wut und der Hass auf deinen Ex sich allmählich verringert haben, du endgültig damit abgeschlossen hast und auch keine Hoffnung mehr auf ein erneutes Zusammenkommen siehst.

»Wie kann ich wissen, ob ich den Schmerz und die Sehnsucht langsam überwunden habe, Keff?«

Wenn du dir Bilder von deinem Ex ansiehst; kannst du es ertragen, ohne zu weinen?

Glaubst du jetzt endlich daran, dass du stark genug bist, wieder glücklich zu werden?

Hast du wieder Interesse am Leben gewonnen?

Wenn du all diese Dinge positiv beantwortet hast, dann öffne die Tür zu Raum 3.

Wenn nicht, dann bleibe bitte noch hier, und befolge weiterhin meine Ratschläge. Es ist nicht schlimm, Tage, Wochen oder sogar noch einige Monate im zweiten Raum zu bleiben.

Du bist ein wertvoller Mensch, vergiss das niemals. Ich werde auf dich warten …

RAUM 3

Seelenheilung

Willkommen in Raum 3.

Das ist ein sehr wichtiger Schritt, den du getan hast, und ich bin wirklich stolz auf dich. Natürlich wird es Momente geben, in denen du schwach wirst, aber das gehört dazu, und sobald du dieses Gefühl bekommst, dann lies meine Briefe. Sie werden dir immer helfen. Und vergiss niemals, deine Gedanken aufzuschreiben.

Im dritten Raum fängt dein Körper an zu heilen. Durch das Weinen wurde der Schmerz gelindert, durch das Schreiben floss er langsam aus deinem Herzen.

Langsam, ja, langsam entwickelt sich eine Art Freude in deinem Leben. Du gehst wieder gern zum Sport, hast dir vielleicht eine neue Frisur gegönnt oder machst in den nächsten Tagen etwas Urlaub. Das ist ein schöner und vor allem wichtiger Anfang. Dein Ex spielt nicht mehr die zentrale Rolle in deinem Leben, sondern du ganz allein, und das ist etwas ganz Himmlisches.

Aber damit sind die Probleme nicht weg. Ein weiteres kommt, und von diesem muss ich dir berichten, damit du nicht in die Falle tappst.

Du hast akzeptiert, dass dein Ex nicht mehr zurückkommt, okay. Aber es gibt zwei große Fehler, die du jetzt machen könntest.

Lies aufmerksam und merke dir meine Sätze genau.

Fehler 1:

Eine Freundschaft mit dem Ex-Partner aufbauen.

»Hä? Warum darf ich keine Freundschaft aufbauen, Keff? Vielleicht verstehen wir uns freundschaftlich besser. Es gibt doch viele, die zusammen waren und danach Freunde geworden sind. Ich finde nichts Schlimmes daran.«

Du hast teilweise recht.

Eine Freundschaft nach einer Beziehung funktioniert nur, wenn ihr ohne Herzschmerz, Wut und Hass auseinandergegangen seid, also sowohl du als auch er nie darunter gelitten haben. Denn das ist wieder eine Täuschung deines Herzens. Kannst du dich noch an die Geschichte über die Drogen und den Drogenentzug erinnern? Ich habe dir erzählt, dass die Droge die Liebe und der Drogendealer dein Ex waren, oder? Sobald du die Liebe nicht mehr bekamst, rebellierte dein Körper. Da dein Körper jetzt weiß, dass er die Droge nicht mehr erhält, sagt er sich: Dann nehme ich eben eine andere Droge. Das ist die Freundschaft. Dein Körper sagt dir, wenn du keine Beziehung haben kannst, dann begnügst du dich eben mit einer Freundschaft. Und das wird dich definitiv daran hindern, stark zu werden.

Was erläuterte ich im ersten Kapitel? Du wirst niemals lernen, alleine glücklich zu sein, wenn du dich mit einer Freundschaft zufriedengibst. Eine Freundschaft kannst du in der Zukunft immer noch schließen, aber erst, wenn du gelernt hast, ohne jemand anderen auf der Welt glücklich zu werden.

Fehler 2:

Du unterdrückst die immer noch vorhandene Sehnsucht und Liebe zu deinem Ex.

Natürlich kann es sein, dass du ihn noch liebst und immer noch Sehnsucht empfindest, vor allem, wenn du dich alleine fühlst oder er eine neue Partnerin hat.

Wenn wir die Wut und den Hass verloren haben, beginnen wir, uns selbst zu sagen, dass es nie wieder jemanden wie ihn geben wird. Dein Herz fängt an, dir vorzugaukeln, dass die letzte Beziehung das Beste war, was dir jemals passiert ist, und du blendest automatisch all die schlechten Dinge aus. Aber wie schon gesagt, das ist ein Trugbild. Deine Beziehung ging zu Ende, weil es so nicht weitergehen konnte.

In diesem Raum ist die Reinigung besonders wichtig, denn das ist die Phase, die dich endgültig heilen wird.

Eine wichtige Sache noch: Ich habe Isabella damals in meinen Briefen oftmals vergeben, und das ist ein sehr wichtiger Punkt.

Die Vergebung

Ich habe ihr natürlich nicht auf die Art vergeben, wie du vielleicht denken magst; dass wir uns trafen und ich ihr gesagt habe: »Ich vergebe dir.« Nein. Ich habe ihr vergeben, indem ich mich selbst davon befreit habe, ihr gegenüber wütend und voller Hass zu sein.

Ich habe gemerkt, dass diese Wut, die ich damals für sie empfand, mich immer wieder herunterzog. Ich wollte frei sein, wollte wieder glücklich sein. Aber die Gedanken, Rache an ihr zu üben, ließen mich nicht ruhen. So war das auch bei Alexandra.

Was tat ich also? Ich nahm einen Brief und schrieb all meine Gedanken und Gefühle, all meine Wut und Enttäuschung auf. Und in der letzten Passage vergab ich ihr. Und spürte diese Vergebung auch in mir. Das ist etwas, das du selbst auch tun solltest.

Mit vergeben meine ich nicht vergessen.

Mit vergeben meine ich nicht, gutzuheißen, was er dir angetan hat.

Mit vergeben meine ich, sich selbst von der Wut zu befreien.

»Wieso vergeben? Der hat mich wie Dreck behandelt. Was bringt es, solchen Menschen zu vergeben, Keff? Ich bin es, die darunter leidet, nicht er!«

Ich weiß, dass es für dich wie ein Faustschlag ins Gesicht scheint, jemandem zu vergeben, der dir so wehgetan hat, oder ihm seine Fehler zu verzeihen. Aber eins musst du wissen: Jeder Hass, der in dir wächst, vergiftet immer mehr dein Herz und deine Seele.

Das ist die Wahrheit.

Dein Ex kontrolliert dich immer noch, indem du zulässt, dass er dir sogar den Hass ins Herz pflanzt. Aber weißt du, wie du ihn am besten besiegen kannst? Indem du dich von ihm befreist. Du hast ihm die Kontrolle über deine Seele und deinen Körper überlassen. Nun wird es Zeit, dass du wieder die Kontrolle über dich selbst übernimmst. Du bist es doch wert, glücklich zu werden, oder?

Indem du ihm Zeit und Kraft schenkst – und das tust du, indem du auf ihn wütend bist –, machst du ihn stärker und dich schwächer. Dein Ex ist frei. Möchtest du nicht auch endlich frei sein?

Ich weiß, dass es schwer ist, vor allem, wenn er dich betrogen hat, aber selbst das musst du vergeben. Er hielt es für das Beste, sich jemanden zu nehmen, der ihn wohl glücklicher macht, und wenn er das denkt, soll er das tun. Du musst dich nicht mehr mit dem Gedanken quälen, wieso und weshalb.

Lies dir meine Briefe genau durch, schreib selbst, und versuche deine Gefühle zu sammeln und zu ordnen. Ich möchte, dass du Folgendes tust, wenn du dir meine Texte durchliest: Stell dir vor, dein Freund stünde neben dir, und du würdest ihm die Worte aus meinen Briefen sagen.

Wir sehen uns am Ende des Raumes …

DIE REINIGUNG

Ich bin bereit, dich gehen zu lassen.

Ich bin bereit, mich von dir zu verabschieden, von den schönen und schlechten Momenten, die wir hatten.

Ich bin bereit, dich gehen zu lassen.

Ich habe genug gelitten.

Ich habe gelernt.

Ich lernte aus dem Schmerz, aus der Trauer, aus den Lügen, aus den Tränen, aus den Fehlern, die ich selbst machte. Ich bin dankbar für die Beziehung, denn ich bin gereift und stärker geworden.

Ich verzeihe dir.

Ich verzeihe dir für die harte Zeit, ich verzeihe dir für die einsamen Nächte. Ich verzeihe dir für die Angst vor der Einsamkeit, die Angst, dich zu verlieren. Ich verzeihe dir alles, was du mir angetan hast.

Ich liebe dich für all die schönen Momente, die du mir gegeben hast, für die Zeiten, in denen ich lachen konnte, als alles in mir blühte. Ich liebe dich für die schönen Gespräche, denn ich liebte sie sehr. Ich liebe dich für die Momente, in denen ich mich lebendig fühlte. Ich liebe dich für diese so unvergesslich schöne Zeit.

Ich verabschiede mich.

Es ist seltsam, diese Worte jetzt auszusprechen, denn du hattest einen besonderen Platz in meinem Herzen. Mit dir war es, wie nach Hause zu kommen nach einer sehr langen Zeit. Aber ich bin endlich auf dem richtigen Weg, in die richtige Richtung. Ich verabschiede mich, alles Gute dir …

Suche die Ruhe in dir selbst, denn anderswo wirst du sie niemals finden.

In dieser Welt wurde mir beigebracht, meine Gefühle zu verstecken, meine Persönlichkeit in einem Käfig zu halten. Wir sollen stets daran arbeiten, fremden Menschen zu gefallen, zu funktionieren. Ich habe mich zu oft entschuldigt für das, was ich war, was ich machte, und für Entscheidungen, die ich für richtig hielt. Ich war nie offen, ich konnte nie ehrlich genug sein. Ich habe zu oft daran gedacht, was andere über mich denken, wie sie über mich reden. Und nun bringe ich mir eine wichtige Sache bei ... Ab jetzt rein gar nichts mehr darauf zu geben.

Sich darüber den Kopf zu zerbrechen, was andere über dich denken, wird dich nie frei machen.

Als ich mich selbst zu lieben begann, konnte ich erkennen, dass Schmerz und Leid ständige Begleiter im Leben waren. Umso mehr ich mir eine perfekte Welt wünschte, umso schlimmer wurde die Welt.

Als ich mich selbst zu lieben begann, konnte ich erkennen, dass jede Trennung von einem Menschen, dem man egal ist, ein Ticket in die Freiheit ist.

Als ich mich selbst zu lieben begann, konnte ich erkennen, dass Glück im Leben nicht Beziehung, Sex, Geld oder Ruhm sind. Es ist die ehrliche Liebe zu sich selbst, der Respekt für sich selbst.

Als ich mich selbst zu lieben begann, konnte ich verstehen, dass ich richtig bin. Die einzige Person, die mich daran gehindert hat, richtig zu sein, bin ich selbst gewesen.

Ich werde anfangen, mein Leben ohne dich neu zu sortieren, meine eigene Zukunft planen, ohne dich einzuplanen. Ich werde loslassen. Ja, ich werde loslassen.

Ich werde anfangen, mich mehr zu trauen, keine Angst mehr vor dem Leben zu haben. Ich habe doch nur ein Leben.

Ich werde dich niemals vergessen können, das ist mir jetzt bewusst, aber der Unterschied ist, dass ich viel geweint habe, und langsam trocknen die Tränen, und du wirst mir egal werden. Meine Seele wird anfangen zu atmen, denn ich werde anfangen, mein Leben ohne dich zu sortieren.

Zu vergessen. Wie viel Zeit bleibt da? Alles hier ist vertraut, doch nichts gleicht der Erinnerung an dich. Es ist der Glaube, der alles in mir zusammenhält. Haut an Haut, wir waren eins.

Unser Schatten war eins,
unsere Seele, wir waren eins,
unsere Sehnsucht, wir waren eins,
unser Geschmack war eins.
Sobald das Licht aus war, waren wir eins.

Obwohl ich noch unendlich traurig bin, konnte ich heute etwas Komisches im Spiegel entdecken. Dort war ein leichtes Lächeln zu sehen. Es wirkte fast schon hoffnungsvoll. Ich fand es seltsam, da ich doch unendlich traurig sein sollte. Aber dieses kleine Lächeln im Spiegel machte meinen Tag für ein paar Stunden erträglicher …

Ich glaube, ich mag das Lächeln.

Warum liebst du dich nicht selbst ein bisschen mehr? Du nimmst die Liebe, die du von den anderen Menschen bekommst, und stellst sie über deine eigene.

Indem du anderen Menschen die Aufgabe gibst, dich mehr zu lieben, als du dich selbst liebst, wirst du mehr leiden als sie, wenn sie dich verlassen.

Ich bin für dich da und werde es immer sein.

Ich schließe dich tief in meinem Herzen ein. Weil du stark bist, weil du mutig bist, deshalb umhülle ich dich mit meiner Liebe und vertraue dir, dass du alles schaffen kannst.

Ja, du kannst alles schaffen, auch den Schmerz zu überwinden, den du gerade spürst.

Befreie dich.

Das Betrügen von deinem Freund – befreie dich.

Die Demütigung – befreie dich.

Befreie dich von seinem Würgegriff, der dir die
Luft der Freiheit nimmt.

Wann willst du dich endlich befreien und glück-
lich werden?

(Geschrieben mit 26 Jahren)

Obwohl ich in meinem Leben viel geweint habe, viel Leid ertragen musste, bleibe ich stark.

Man hat mich verlassen, man hat mich ersetzt, und meine Liebe wurde ignoriert.

Trotz allem bin ich wertvoll.

Ich bin ein Unikat.

Ich bin wundervoll, nicht perfekt, aber wundervoll, um als Mensch wertvoll zu sein.

In meinen Gedanken und in meinem Herzen fühle ich noch den Schmerz, manchmal werde ich unglaublich schwach.

Aber deshalb bin ich ein Mensch, weil ich schwach sein darf.

Ich habe ein schönes Herz. Und es wird einer kommen, der das sehen wird, der das verstehen wird.

Ich bin perfekt, wie ich bin.

Ich werde nicht mehr mein wahres Ich verstecken. Ab heute zeige ich mich, wie ich wirklich bin.

Ich bin ein Mensch, deshalb bin ich wertvoll.

Lerne, allein zu sein und es zu mögen.
Es gibt nichts Schöneres, als allein und trotzdem
glücklich zu sein.

~

Manche kaufen sich die Liebe und betäuben ihren
Schmerz, manche manipulieren sie und betäuben
damit ihr Herz, aber der Schmerz wächst und
gedeiht weiterhin. Es ist ein einsames Leben, was
du führen wirst.

Ich habe mich vermisst und wiedergefunden.
Vermisst von den Wunden, erkannte ich Blut,
einsam getrocknet wie Wasser in der Wüste.

～

Der Tag der Heilung ist da, und ich merke, es
hätte schon früher beginnen müssen.

Ich entschuldige mich bei dir. Ich habe dir wehgetan, und das tut mir unendlich leid. Ich entschuldige mich für all die Tränen, die ich verursacht habe. Ich weiß, du hast vieles für mich aufgegeben, viel zu viel. Ich wünschte, ich könnte dir helfen, deinen Schmerz zu lindern, aber ich weiß auch, dass es das Letzte ist, was du von mir möchtest, und das ist okay. Ich war unfair zu dir, nicht ehrlich, wie ein Mann es sein sollte. Es tut mir leid, dass ich so schwach war, dass ich nicht erkennen wollte. Ich habe dir Dunkelheit in dein Leben gebracht, und dafür entschuldige ich mich. Ich hoffe, du kannst mir eines Tages verzeihen.

Gib der Zukunft eine Chance, und lass die Vergangenheit los.

～

Nicht jeder, der dich kennt, kennt dich.

Ich habe auf meinem Weg große Steine zur Seite geschoben. Ich habe mich darüber beschwert, dass es auf meinem Weg so viele sind. Was ich nicht wusste: Die Steine waren dazu da, um nicht auf Dreck zu treten.

Meine Lieblingsposition war, wenn ich meinen Kopf auf deine Brust legte, um das Schlagen deines Herzens zu hören.

Brief 9

Du wirst wieder glücklich sein. Schlechte Dinge, die dir in einer Beziehung passiert sind, werden dich stärker machen. Du wirst reifer und selbstbewusster werden.

Im Moment ist es hart für dich. Ich weiß, wie es ist. Und schau mich an, ich bin stärker und reifer geworden. Auch du wirst es werden, ich verspreche es.

Denke nicht an Rache, verschwende deinen Kopf nicht daran. Rache ist das Gefühl des Teufels. Es ist dein Leben, es ist deine Zukunft, nur du kannst dich selbst glücklich machen. Du bist eine wunderschöne Frau, auch wenn du es in diesem Moment nicht glaubst. Deine Schönheit ist für jemanden bestimmt, der dich eines Tages glücklich machen wird. Du hast es verdient, einen guten Mann zu bekommen, und das wirst du.

Lege deine Hoffnung nicht in Menschen, lege deine Hoffnungen in Gott. Jede Träne, die du auf deinem Weg zum Glück verlieren wirst, reinigt dein Gesicht für das schönste Lächeln, das du haben wirst, wenn du in den Armen deines zukünftigen Mannes liegst.

Brief 10

Kannst du mich so lieben?

Sage mir, kannst du mich so lieben, dass du niemals mein Herz brichst? Dass ich mir keine Sorgen machen muss, wenn du mit Freunden aus bist und ich alleine zu Hause bin? Dass du an mich denkst, wenn ich zu Hause sitze und auf dich warte?

Sage mir, kannst du mich so lieben, dass Weinen für mich Glücksgefühle sind, dass jede einzelne Träne Glück bedeutet?

Kannst du mich so lieben, dass du, wenn du ein Foto von mir siehst, stolz auf uns bist?

Kannst du mich so lieben, dass ich uns sehe, wie wir heiraten, Kinder bekommen, ein Haus bauen? Sage mir bitte, kannst du mich so lieben?

Kannst du mich so lieben, dass ich nie wieder an einen anderen Mann denken muss, dass du der Einzige für mich bist?

Kannst du mich so lieben?

Kannst du mich so lieben, dass du mich nie betrügst, nie hintergehst, nie anlügst?

Kannst du mich so lieben, dass ich unendliche Sehnsucht nach dir habe, dass ein Tag ohne dich Schmerzen der Einsamkeit bedeuten?

Kannst du mich so lieben, dass ich mich in deiner Nähe frei fühle, dass ich mich für nichts schämen muss, dass ich so sein kann, wie ich wirklich bin? Kannst du mich so lieben?

Kannst du mich so lieben, dass ich mich wunderschön finde? Dass ich das Schönste bin, was du jemals gesehen hast? Dass ich mich, wenn ich mich im Spiegel sehe, geliebt fühle, geschätzt und attraktiv? Sage mir, kannst du es wirklich? Kannst du mich wirklich so lieben?

Kannst du mich so lieben, dass mein Tod dein Ende wäre, dass, wenn ich nicht mehr da wäre, dein Leben nichts mehr wert wäre?

Kannst du mich so lieben, dass ich heimlich deine T-Shirts trage, wenn du nicht da bist, um den Geruch deines Parfums zu genießen?

Sage mir, kannst du mich so lieben?

Kannst du mich so lieben, dass die Versöhnung nach jedem Streit wie der Regenbogen nach einem Gewitter ist?

Kannst du mich so lieben, dass du mir auf all meinen Wegen Mut gibst?

Komm, sage mir laut, dass du es kannst. Sage es mir, bitte. Liebst du mich, wie ich geliebt werden möchte?

Lass mich für dich wertvoll sein. Ich will die Frau sein, die du vermisst, nach der du Sehnsucht hast. Kannst du mich so lieben? Versprichst du es?

Bitte liebe mich, bitte lass mich für dich wichtig sein, bitte liebe mich, und trockne meine Tränen! Bitte liebe mich! Nimm mir die Einsamkeit, und gieße sie in einen Trank voller Liebe und Treue, damit ich niemals wieder unglücklich bin.

Würde man mir sagen: »Beschreibe Aaliyah«,
würde ich antworten: »Sie ist nicht von dieser
Welt.«

Brief 11

Wenn Frauen denken, mit ihrer Schönheit sind sie etwas
ganz Besonderes und bekommen jeden Typen, den sie
wollen, dann schau dir dieses Bild an.

Glaubst du, dein Freund würde noch zu dir halten und
dich weiter lieben, wenn du ein verbranntes Gesicht hättest?

Und das ist, was ich euch immer wieder sagen möchte.

Ihr denkt, Liebe bedeutet, einen sexy Typen mit Tattoos
und Muskeln neben euch zu haben, der einen schicken
Wagen fährt? Ihr glaubt, das ist die Liebe eures Lebens?

Eine glückliche Beziehung zu führen, ist keine große
Sache! Am Anfang ist alles schön, ihr habt Sex, und er ist ja
sooo süß und nett.

Wahre Liebe fängt da an, wo die äußere Schönheit aufhört.

(Geschrieben mit 19 Jahren)
Aus Liebe zu dir war es mir egal, wie schlecht du mich behandelt hast. Hauptsache, wir haben uns nicht getrennt.
Doch das war ein Fehler von mir. Niemand sollte eine traurige Beziehung führen.

Ich bin die Poesie, komponiert von den stärksten Emotionen unseres Herzens – der Liebe und dem Leid.

~

Was war das für eine Traurigkeit, die mein Herz durchdrang?
Oh salziger Geschmack der Tränen,
für ein starkes Herz war es viel zu viel Leid. Ich weinte in meinem Herzen.
Ich war gebrochen.

Brief 12

Ich predige immer wieder eine Sache, die in einer Beziehung wichtig ist: richtig miteinander REDEN, was viele Beziehungen nicht mehr tun.

Die Jugend von heute führt ihre Beziehungen per Instagram und Facebook. Wenn es Streit gibt, werden einfach Bilder gelöscht, und es wird versucht, den eigenen Freund mit sinnlosen Zitaten eifersüchtig zu machen. Es werden Personen auf WhatsApp geblockt, und es wird ihnen auf Instagram entfolgt, weil man zu stolz ist. Der Welt muss gesagt werden, wie unglücklich man ist, aber nicht der wichtigsten Person – eurer Frau oder Freundin oder derjenigen, die man gerade versucht kennenzulernen.

Nicht zu reden, nicht zu antworten, jemanden zu ignorieren, zerstört Beziehungen, Freundschaften, Kennenlernphasen. Wenn du merkst, dass dich etwas kränkt, du unglücklich bist oder dir etwas nicht passt, REDE! Sogar, wenn du dich trennen möchtest, sei ehrlich, anstatt zu schweigen aus Angst, zu verletzen.

Eine gute Beziehung wächst mit einer guten Kommunikation.

Ist es nicht seltsam?
Bäume geben uns Luft zum Atmen. Wir fällen sie
und machen daraus Papier, schreiben darauf
unseren Schmerz, und dies gibt uns wieder Luft
zum Atmen.

Brief 13

Ich habe oft an Gott gezweifelt, ihn dafür verantwortlich gemacht, warum mein Leben mit so viel Schmerz und Leid erfüllt war, warum ich nicht vorwärtskomme, sondern immer wieder Rückschläge erlitten habe. Ich war neidisch auf die Menschen, die Erfolg hatten, die hübsch waren und einen perfekten Körper besaßen, die auf sozialen Netzwerken Tausende von Followern hatten und von Männern oder Frauen mehrere Nachrichten pro Tag bekamen.

Ich hatte nichts.

Doch ich erkannte, dass eine Prüfung viel mit Geduld zu tun hatte. Geduld zu haben, ist etwas, was der Teufel uns genommen hat. Wir wollen alles am liebsten jetzt und sofort. Ich übte mich in Geduld, betete und verstand es als Prüfung. Die Prüfung hieß, auch in schweren Zeiten den Glauben an Gott nicht zu verlieren. Und heute gab und gibt er mir etwas, was viel wertvoller ist als 100.000 oder 500.000 Follower – ich kann mit viel Liebe Herzen berühren und damit sogar Geld verdienen. Denn wenn es Instagram und Facebook nicht mehr geben sollte, haben sie nichts vorzuweisen. Auch wenn ich nur 8.000, 5.000 oder sogar nur 2.000 Follower haben sollte, meine Bücher liegen in Buchläden, Büchereien, Cafés, Schlafzimmern, Wohnzimmern und Küchen, auch ohne das Internet.

Deshalb sage ich zu dir, während du versuchst, den Weg von vielen zu gehen: Ich schaufelte mir meinen eigenen Weg. Und Gott, ja, Gott zeigte mir, wie wichtig es ist, niemals den Glauben an ihn zu verlieren.

Übe dich in Geduld. Gott vergisst niemanden, der nach ihm ruft.

Als ich versuchte, glücklich zu werden, hörte ich auf zu schreiben. Doch die Poesie schlug mir ins Gesicht und akzeptierte es nicht. Sie sagte: »Sei für mich da, in guten wie in schlechten Zeiten.«

Brief 14

Stell dir vor, du hast eine Freundin. Sie liebt dich sehr. Du bist glücklich mit ihr.

In einer Shisha-Bar siehst du diese eine Frau, sie haut dich um. Sie lächelt dich an, du denkst kurz an deine Freundin, aber der Teufel lenkt dich ab.

Du sprichst die Frau an, ihr tauscht Nummern aus. Ihr trefft euch, schlaft heimlich miteinander. Deine Freundin findet es heraus.

Du beleidigst sie und sagst: »Die eine sieht eh besser aus als du, hat eine schöne Figur. Du kannst ihr niemals das Wasser reichen!«

Doch die Neue, mit der du zusammen bist, geht gerne feiern und trinkt jedes Wochenende Alkohol. Sie kleidet sich immer knapp, um anderen aufzufallen. Dann erkennst du endlich, was wahre Liebe ist, und willst deine Ex-Freundin wiederhaben.

Ein Jahr später in der Stadt, da ist sie, sehr glücklich, denn da gibt es jetzt einen Mann, der weiß, was Liebe bedeutet.

*Du bist nicht das Problem. Es sind die Leute um
dich herum, die dich zum Problem machen.*

∿

*Grenzen wir unsere Liebe ein, wird sie eine
Gefangene. Machen wir unsere Liebe grenzenlos,
wird sie zur Freiheit.*

Brief 15

Schreibe meinetwegen mit so vielen Frauen gleichzeitig wie du kannst, sage allen Frauen dasselbe; wie hübsch sie sind und dass du dich verliebt hast. Schlafe mit so vielen Frauen, wie du kannst, und dann melde dich einfach nicht mehr.

Aber eins sage ich dir, und du wirst es jetzt nicht glauben: Dein Herz kann nur eine Frau lieben, dein Herz kann nur für eine einzige Frau wirklich schlagen. Wenn es so weit ist und du müde bist von Alkohol und Partys, wenn du müde bist vom Nummernsammeln und vom Lügen, vom Verarschen, wenn du von allem müde bist und du dich dann zum ersten Mal so richtig verliebst, dann kommt das Schicksal ins Spiel, und du bekommst zurück, was du verdienst.

Wenn du jetzt die richtige Frau an deiner Seite hast, die dir zu 100 Prozent ihr Vertrauen schenkt, nutze es nicht aus, sondern sei stark und standhaft. Denn Frauen gibt es überall, aber eine, die Ehefrau und Mutter sein kann, nicht.

Das Leben ohne Liebe ist wie die Erde ohne Lebewesen – sinnlos.

Brief 16

Wische deine Tränen weg, meine Kleine, denn du hast genug geweint. Der Punkt, an dem es richtig schlimm wurde, war, als du gemerkt hast, dass dein Körper beginnt, bei jedem Herzschmerz immer schwächer zu werden. Vielleicht hast du dir selbst die Schuld gegeben, nicht wahr? Vielleicht dachtest du, du bist nicht hübsch genug. Das Schlafengehen wurde zu einem Kampf, weil deine Gedanken sich nur noch um ihn gedreht haben.

Du hast dich verbrannt. Aber das, was dir passiert ist, ist etwas, was dich stark machen wird. Im Moment kannst du meine Worte nicht glauben, weil der Schmerz noch da ist. Aber diejenigen, die dasselbe durchgemacht haben, wissen, was ich meine.

Du wirst den Kampf gewinnen, weil du eine starke Person bist, und kein Mann auf dieser Welt wird dich jemals zerstören können.

Brief 17

Ihr postet irgendwelche Relationsgoals, wo sich Paare in Unterwäsche von Calvin Klein zeigen, und ihr denkt, das sei wahre Liebe. Ihr postet Bilder, auf denen der Mann seiner Frau auf den Hintern klatscht. Denkt ihr wirklich, das ist Liebe?

Ich kenne unzählige Instagram-Seiten von Paaren, die tausend Bilder schießen und das perfekte dann nochmals filtern und euch zeigen: So muss eine Beziehung sein.

Das ist Bullshit!

Mein Goal ist eine gläubige Frau, mein Goal ist eine intelligente, starke und loyale Frau, die mit mir eine Familie gründet! Es ist eine Frau, die sagt: »Schatz, lass uns gemeinsam alt werden«, die nicht auf das Geld schaut, nicht darauf, welches Auto ich fahre, oder sonst etwas.

Wenn du jemanden liebst, musst du nicht mit Geld oder Klamotten um ihre Liebe kämpfen. Sie ist bei dir, weil sie da sein möchte!

Wir müssen langsam wieder begreifen, was Liebe ist. Eine Frau oder ein Mann sollte nicht bei dir sein, weil du finanziell gut dastehst oder weil du den Superbody, ein tolles Aussehen oder Ruhm hast. Liebe ist nicht, deiner Frau zu zeigen, wie viel Geld du hast oder wie erfolgreich du bist. Wenn du es schaffst, deine Frau glücklich zu machen, ohne eine Kreditkarte zu zücken, dann bist du auf dem richtigen Weg.

Wahre Liebe kannst du weder kaufen noch erzwingen.

Sie ist einfach da, weil sie da sein möchte. Die Liebe ist erst Liebe, wenn du deine Augen schließt und dein Herz öffnest. Was sagst du dazu?

Was nützt dir, jemandem dein Herz zu geben, der ein Gehirn braucht?

~

Bestimmte Dinge können dir nicht erklärt werden, bestimmte Gefühle, Emotionen … bestimmte Gedanken. Bestimmte Dinge sollten ohne Erklärung verstanden werden.

Brief 18

Ich habe eine Frage an dich.

Warum läufst du jemandem hinterher, der dich stehen gelassen hat? Du hast immer noch Hoffnung auf einen Neuanfang, nicht wahr?

Wie kommst du darauf, dass es wieder so sein wird wie früher? Wenn jemand mehrmals dein Vertrauen missbraucht hat, wirst du immer misstrauisch sein, ihm wenig Vertrauen schenken. Wie stellst du dir einen Neuanfang vor? Einfach vergessen? So tun, als ob nie etwas war? Glaubst du, das geht?

Wie kannst du jemanden noch lieben, der keinen Wert in dir gesehen hat oder sieht? Anstatt einem neuen Mann eine Chance zu geben, weinst du der Vergangenheit hinterher.

Du solltest eins wissen: Stark zu sein, heißt auch, loslassen zu können, einen Neuanfang zu starten.

Klingt hart, nicht wahr? Weißt du, warum es so hart klingt?

Während andere blumig mit dir reden, sage ich dir die nackte Wahrheit …

Brief 19

»Wir tauschen Menschen einfach aus, weil wir nicht mehr kämpfen wollen. Wir tauschen Menschen aus, weil wir jemand Jüngeren möchten. Wir tauschen Menschen aus, weil wir lieber eine blonde oder eine brünette Freundin hätten.

Ich will nicht zu euch gehören; ich will nicht in einer oberflächlichen Welt aufwachsen. Das Aussehen kann man immer toppen, keine Frage, aber eine gute Frau nur sehr selten. Denkt darüber nach.«

Stille im Raum. Es war so still.

Bedeutet Glück im Leben Schönheit? Nein! Glück im Leben bedeutet, das zu besitzen und zu bekommen, was man nicht mit Geld erkaufen kann: LIEBE!

Denke an meine Worte:
All die schlechten Dinge, die dir Menschen antun,
werden dich stärker und wertvoller machen. Du
wurdest nicht geboren, um traurig zu sein.

DER AUSGANG

In diesen Raum hast du gelernt zu vergeben. Du hast gelernt, endgültig zu verzeihen.

Jetzt kommen wir zum vorletzten Raum. In diesem
Raum werde ich dir Stärke geben. Dein Selbstwertgefühl
wird gestärkt, ebenso wie deine Selbstliebe …

RAUM 4

Gefühlstiefe

Willkommen im Raum 4.

In Raum 4 wirst du endgültig begreifen und akzeptieren, dass es kein Zurück mehr gibt, dass alles, was passiert, so passieren sollte.

Die Wut und der Hass, den du hattest, verschwinden immer mehr, und du fängst sogar an, dich um dich selbst zu kümmern. Du entdeckst neue Hobbys, schließt neue Freundschaften, und sogar eine neue Liebe würdest du nicht ausschließen.

An diesem Punkt ist es aber wichtig, deinen Charakter und das Gefühl für dein eigenes Ich zu stärken.

»Aber warum ist es so, dass viele sich selbst nicht lieben oder ihr Selbstwertgefühl verlieren?«

Als wir alle noch kleine Kinder waren, haben wir uns wenig Gedanken gemacht, wie die anderen uns wahrnehmen. Wichtig waren uns nur die Liebe unserer Eltern und genug zu essen und zu trinken.

Im Laufe unseres Lebens lernten wir dann, was es heißt, ein Mensch zu sein. Als Kinder wussten wir, dass wir nicht perfekt sind, dass wir Fehler machen, aber wir lernten schnell, uns trotzdem so zu lieben, wie wir sind, und wir taten Dinge, die uns einfach Freude machten. Doch im Laufe der Jahre, als wir die ersten sozialen Kontakte knüpften, beispielsweise im Kindergarten oder in der Grundschule, sahen wir, dass andere dies oder das besser konnten. Wir verwarfen schnell unsere Gedanken, uns so zu lieben, wie wir sind.

Durch die Anforderungen der Eltern, Erzieher oder Lehrer haben wir das Gefühl entwickelt, dass wir nur, wenn andere mit uns zufrieden sind, perfekt sind. Wenn wir in der Schule gemobbt wurden oder andere Zurückweisungen erfuhren, nahm dies ein Stück unseres Selbstwertgefühls. Wir mussten anfangen, für andere zu funktionieren. Bei jedem Lob und der Liebe, die wir daraufhin bekamen, stieg unser Selbstwertgefühl und wir fühlten uns gut, also entwickelten wir uns zu Menschen, die abhängig von der Liebe anderer waren.

Nicht nur Zurückweisung nahm uns die Liebe zu uns selbst. Wenn zum Beispiel der Opa oder die Oma starb, die uns Halt und Geborgenheit gegeben hatten, oder wenn ein anderer Schicksalsschlag wie eine Krankheit in unser Leben eintrat, war das verletzend. Wir fingen an, alles negativ zu sehen. Es gab so viele positive Dinge an uns, doch wir fingen an, diese zu ignorieren, weil wir das Gefühl entwickelt hatten, nie gut genug für etwas zu sein.

Durch diese Denkweise, dass du nichts wert bist, dass du nicht hübsch genug, nicht klug genug bist, hast du die Sehnsucht entwickelt, jemanden haben oder finden zu wollen, der dir sagt, dass du dennoch perfekt bist, dass du hübsch genug bist, klug und gebildet.

Um dich wieder attraktiv zu fühlen, suchst du sehnsüchtig nach einem Partner, der dir zeigt, wie attraktiv und schön du bist. Dieses Gefühl nenne ich die »teuflische Frucht«.

»Warum nennst du es so? Ist es denn etwas Schlechtes, geliebt zu werden? Muss es denn gleich heißen, dass man kein Selbstwertgefühl hat, nur weil man sich geliebt und akzeptiert fühlen möchte, Keff?«

Das ist eine sehr gute Frage.

Es gibt zwei Arten von »Ich fühle mich geliebt«.

Die erste Art ist, du liebst dich selbst, wie du bist, akzeptierst dich auch so und bist glücklich darüber, dass es jemanden gibt, der das erkennt und dein Glück mit dir teilt.

Und es gibt die andere Art, bei der du dich selbst nie richtig gemocht hast, und jetzt findest du jemanden, der dir sagt, dass du »richtig« bist. Du machst dein Glück nun von ihm abhängig. Diese Art ist die »teuflische Frucht«. Sie schmeckt zwar süß und lecker, aber jeder Bissen ist Gift, und dieses Gift dringt langsam in deinen Körper ein und zerstört dich.

Verstehst du, was ich meine?

Du bist selbst für dein Glück verantwortlich.

Dein Ex war nie dazu da, damit du glücklich bist, sondern er war ein Teil deines Glücks. Doch wenn du erneut mit dem Gedanken in die nächste Beziehung gehst, dass der andere dich glücklich machen soll, ist es wie Selbstmord an deiner Seele. Kein Mann auf dieser Welt wird es jemals schaffen, dich dazu zu bringen, dich selbst zu lieben und dir zu gefallen. Er kann dich dabei unterstützen, motivieren, aber es ist niemals seine Aufgabe, dafür zu sorgen, dass du dich gut fühlst. Das ist ganz allein deine Angelegenheit. Die Trennung von deinem Ex und der große Schmerz danach haben dir doch gezeigt, dass du letztendlich nie gelernt hast, dich selbst zu lieben.

Wir fühlen uns auch wegen all der oberflächlichen sozialen Netzwerke nicht mehr attraktiv. Der Druck ist stärker geworden. Während andere Mädels Tausende Follower bekommen und viele Likes für ihre Augen, ihren Hintern oder ihre Lippen, stehst du vor dem Spiegel und hältst dich für nicht hübsch genug. Dieser gesellschaftliche Druck macht unsere Seelen krank. Wir tauschen Aussehen gegen Herz. Nur wer wie ein Star aussieht und 100.000 Follower hat, ist die Schönste und hat etwas Besonderes, was sonst niemand hat. Selbst die Jüngsten unter uns definieren sich nicht mehr nach ihrem Charakter, sondern nach den Follower-Zahlen. Und die schlimme Wahrheit ist: Die, die du für die Schönste hältst, ist vielleicht die traurigste Person.

Wir setzen uns heutzutage Masken auf, nur, um unsere wahren Gefühle nicht mehr zu zeigen. Wir leben in einer Welt, in der das Aussehen über allem steht.

»Ist das nur bei den Frauen so? Was ist mit den Männern?«

Bei den Männern ist es genauso. Durch die sozialen Netzwerke müssen wir uns als Männer plötzlich anders definieren. Uns wird eingeflüstert, dass du nur ein richtiger Mann bist, wenn du dieses Auto fährst, dich so benimmst oder jenes zeigst.

Fashionblogger zeigen uns, was wir anziehen sollen – je

teurer, desto besser. Fitnessblogger zeigen uns, wie wir auszusehen haben – je athletischer, desto besser.

Aber die Leute können selbst entscheiden, ob sie dem folgen wollen oder nicht. Die sozialen Medien haben ja auch viele positive Eigenschaften.

Am schlimmsten und schwerwiegendsten werden die Jugendlichen beeinflusst. Durch den massiven Druck, der entstanden ist, haben Jugendliche vergessen, was wichtig im Leben ist. Sie investieren ihre Kraft und ihre Zeit, um geliebt zu werden und beliebt zu sein, während wichtigere Dinge wie Religion, Familie und Selbstfindung auf der Strecke bleiben.

Nicht jeder ist stark genug. Gruppenzwang ist etwas sehr Mächtiges. Er verleitet uns, falsche Dinge als richtig anzusehen und richtige Dinge als falsch zu werten. Plötzlich muss jeder Junge Yeezys haben, denn nur so ist er beliebt, erhält Aufmerksamkeit und Liebe zurück. Wir hören uns Rapper an, die uns teuflische Dinge zuflüstern. Wir leben in einer sehr harten Welt, in der jeder, der keine starke Persönlichkeit hat, Gefahr läuft, daran zu zerbrechen.

Ich gebe dir einen Tipp von Mann zu Mann oder von Mann zu Frau: Wenn du später Kinder haben solltest, lasse sie niemals im Sumpf der sozialen Netzwerke versinken. Gib deinen Kindern Hobbys, bei denen sie auf natürliche Art und Weise Kontakte knüpfen. Stärke ihr Selbstwertgefühl, und trainiere sie, sich selbst zu lieben. Und gib ihnen auch mal die Freiheit, selbst Entscheidungen zu treffen, denn oft sind die Eltern mit daran schuld, wenn ihre Kinder nie gelernt haben, alleine glücklich zu sein.

Finde für deine Kinder die gesunde Mitte. Sei nicht zu streng, denn sonst schreien sie zu sehr nach Unabhängigkeit. Sei aber auch nicht zu locker, sonst entwickeln sie kein Feingefühl für Grenzen. Gib ihnen niemals das Gefühl, dass sie nichts wert oder falsch sind. Das führt dazu, dass sie die Liebe woanders suchen. Menschen, die beispielsweise Mitglied in einer Gang oder in einer hasserfüllten Organisation sind, sind dort nicht unbedingt, weil sie das, was man ihnen erzählt, für richtig halten. Sie fühlen sich respektiert und angenommen, das ist der Grund. Diese Geborgenheit, die ein Kind braucht – gib sie ihm.

An alle getrennten Eltern: Verbringt Zeit mit euren Kindern. Nichts ist schlimmer, als keine Zeit für seine Kinder zu haben. Wenn sie keine guten Werte vermittelt bekommen, ist die Gefahr groß, dass sie in die falsche Richtung laufen.

Ich weiß, es ist leichter gesagt als getan, aber nichts ist einfach auf dieser Welt. Deshalb ist diese Welt so schön – weil nichts perfekt ist.

»Es sind sehr schöne Worte, die du gesagt hast, und ich werde sie mir zu Herzen nehmen. Aber wie werde ich denn jetzt eine starke Person? Wie fange ich an, mich selbst mehr zu lieben?«

Durch die Macht deiner Gedanken.

Erinnerst du dich an den Spruch: »Schönheit liegt im Auge des Betrachters«? Jetzt sagst du dir, dass es trotzdem Frauen und Männer gibt, die wegen ihres Aussehens viel Aufmerksamkeit bekommen.

Doch eines musst du wissen: Es gibt keine Garantie für das Glücklichsein, solange du selbst nichts dafür tust. Schau doch mal die Stars an, die Schönen und die Reichen. Glaubst du, hinter verschlossenen Türen sind sie alle glücklich? In Hollywood passieren schlimme Dinge wie Selbstmord, Missbrauch, Betrügen und Belügen, obwohl doch alle eigentlich glücklich sein sollten, oder? Warum bringen sich manche Stars um, obwohl sie schön und reich sind und bewundert werden? Weil wir alle einen inneren Kampf führen.

Dein Aussehen wird niemals die entscheidende Rolle für dein Glück spielen. Es kann dir Aufmerksamkeit geben oder dir auch in manchen Berufen oder Situationen helfen, das will ich gar nicht bestreiten. Aber für deinen Seelenfrieden ist es nichts wert.

»Schönheit liegt im Auge des Betrachters.«

Du denkst, so, wie du bist, bist du nicht genug? Aber niemand sagt dir das, außer du selbst. Du hast dir dieses negative Gefühl selbst in den Kopf gesetzt, und je öfter du daran denkst, nicht genug zu sein, desto stärker wirst du in dieser Phase stecken bleiben.

Es wird Zeit, dass du deine Gedanken änderst, denn mit dem Kopf fängt alles an. Wenn du gleich zur »Reinigung« gelangst, möchte ich, dass du meine Briefe laut liest, am besten vor dem Spiegel. Das wird dir helfen, deine negativen Gedanken loszuwerden.

Anstatt dir zu sagen, wie schlecht du doch bist, solltest du die positiven Dinge hervorheben. Was macht dich zu einem schönen Menschen? Was sind deine schönsten Charaktereigenschaften?

Denke jetzt laut über drei gute Eigenschaften an dir nach!

Halte diese Gedanken fest. Solche Eigenschaften machen dich besonders! Wenn du gerne lachst, ist das zum Beispiel eine positive Eigenschaft.

Du solltest anfangen, dich selbst zu loben: Du bist ein toller Mensch, weil du eine hilfsbereite Person bist. Du bist ein toller Mensch, weil sich deine beste Freundin oder dein bester Freund immer auf dich verlassen können.

Bestrafe dich nicht mehr, indem du immer wieder daran denkst, welche Fehler du in der Vergangenheit nicht hättest machen sollen. Fehler sind doch dazu da, um daraus zu lernen, oder?

Ich gebe dir einen kleinen Tipp. Anstatt zu sagen, dass du nichts wert bist und alles falsch gemacht hast, sage zu dir selbst: »Ich habe das Beste gegeben, was ich geben konnte, aber das Beste hat für manche nicht ausgereicht. Das ist völlig okay, denn so, wie ich bin, bin ich gut genug.« Und das kannst du auf viele Situationen im Leben beziehen.

Sage niemals: »Ich bin dumm. Wie kann ich nur so blöd sein?« Sage zu dir selbst: »Ich habe daraus gelernt. Beim nächsten Mal werde ich es besser machen.« Indem du dich selbst mit Sätzen wie »Ich bin dumm, ich kann nichts« oder anderen negativen Aussagen verurteilst, verringerst du deinen eigenen Wert. Fehler sind wichtig, um sich weiterzuentwickeln.

Um deinen Wert klarer zu erkennen, kann es helfen, wenn du deine Ziele im Leben realistischer gestaltest. Das ist etwas, was ich selbst auch gelernt habe.

Wenn man mich früher gefragt hat, welche Ziele ich

verfolge, wollte ich alles werden. Je höher das Ziel, umso besser. -

Ich wollte ein afrikanisches Restaurant eröffnen.

Ich wollte eine eigene Klamottenmarke.

Ich wollte einen eigenen Film drehen.

Ich wollte Moderator werden.

Ich wollte Buchautor werden.

Ich wollte Redner und Motivator werden.

Ich wollte fünf Kinder.

Ich wollte ein großes Haus kaufen.

Ich wollte einen Mercedes-Benz S-Klasse fahren.

Und, und, und …

»Was ist daran schlimm? Du hast große Träume. Große Träume zu haben, ist doch etwas Schönes, oder?«

Ja, das stimmt, aber …

Greife nicht nach den Sternen, ohne eine Sauerstoffmaske zu tragen.

Ich will damit sagen, plane deine Ziele genau, und sorge dafür, dass du die richtigen Mittel hast, um sie zu erreichen. Du solltest dir nicht vornehmen, ein Restaurant zu eröffnen, wenn du weder kochen kannst noch Mathematik beherrschst. Wenn du allein die Idee toll findest. Das kann funktionieren, aber zu 99,9 Prozent wirst du fallen.

Setze dir Ziele, die vielleicht groß, aber machbar sind, die du mit viel Fleiß und Ausdauer packen kannst. Denn setzt du deine Ziele unrealistisch hoch, kann es schnell frustrierend für dich werden.

Ein ungünstiges Ziel ist zum Beispiel dieses: Bis ich 28 Jahre alt bin, will ich geheiratet haben und Kinder bekommen haben. Du setzt dich sozusagen selbst unter Druck und gibst dir ein Limit. Und dann kommt das Dilemma: Mit 27 trennst du dich.

Falsche Ziele sind auch materielle Dinge wie Schuhe, ein Auto, Schmuck oder viel Geld. Das sind alles vergängliche Objekte. Sie können dir gestohlen werden oder kaputtgehen. Und selbst wenn du all diese materiellen Dinge besitzt, die du dir je erträumt hast, kann eine Leere in dir entstehen.

Setze dir stattdessen richtige, emotionale Ziele wie etwa das Reisen. Heutzutage kann man auf eine einfache und günstige Art und Weise die Welt entdecken. Reisen bedeutet Erlebnis, Eindruck, Emotionen wecken, neue Menschen und Kulturen kennenlernen. Wenn du das Budget dafür nicht hast, dann fange klein an. Besuche Musicals, reise für zwei Tage nach Berlin, Hamburg oder München. Und tue dies alleine. So trainierst du, alleine mit dir selbst fertigzuwerden, und auf Reisen lernst du dich selbst am besten kennen.

Dann folgt der nächste Schritt: eine Reise innerhalb Europas, zum Beispiel Paris, Mailand oder Istanbul. Jetzt bist du noch jung und solltest diese schöne Zeit für dich selbst nutzen.

Andere emotionale Ziele könnten religiöse Reisen sein. Bist du Muslim? Dann setze dir möglicherweise das Ziel, nach Mekka zu fliegen. Bist du katholisch, so fliege vielleicht nach Rom. Diese Reisen füllen dein Herz mit Glückseligkeit.

Ein anderes Ziel kann Sport sein. Bist du unzufrieden

mit deinem Körpergefühl? Worauf wartest du? Es ist deine Geschichte, dein Leben, und du hast nur eins. Tue etwas für dich, pflege deinen Körper.

Auch mehr Zeit mit der Familie oder mit Freunden kann ein Ziel sein.

Setze dir Ziele, die dich geistig und körperlich gesund machen, und wirf jene weg, die vergänglich sind. Luxus macht dich sorgenfrei, aber nicht glücklich. Nur weil du keine Sorgen hast, bist du nicht automatisch glücklich, denn wenn eine Leere in dir entsteht, kann Geld sie niemals füllen.

In meinem Buch *Bis die Liebe uns findet – Teil 2* schreibe ich: »Entferne dich von Freunden, die dich der Hölle näherbringen.« In dieser Äußerung steckt eine große Botschaft. Heutzutage wissen die meisten gar nicht mehr, wer Freund und wer Feind ist.

Ich erzähle euch eine kleine Story: Ich hatte einmal einen großen Freundeskreis. Wir dachten, wir seien eine Familie und füreinander da. Ich habe sie immer als wahre Freunde gesehen. Im Laufe meiner Jugend wurde ich reifer und erkannte langsam die Wahrheit. Und heute sehe ich alles klar und deutlich.

Soziale Netzwerke

Die meisten deiner Freunde, die du gehabt hast und haben wirst, werden versuchen, Freundschaften mit dir aufzubauen, weil du etwas hast, was ihnen von Nutzen ist. Wir sprechen hier nicht von Loyalität, sondern von Ausnutzen.

Ein gegenseitiges Folgen auf Instagram oder Facebook ist noch lange keine Freundschaft.

Wenn beispielsweise eine hübsche Frau Tausende Follower auf Instagram hat und ein Bild postet, schau dir einmal die Kommentare an. Meist wirst du lesen:

»Baby, du bist so süß.«

»Warum bist du so hübsch?«

»Du bist die Schönste!«

Bla, bla, bla …

Es gibt viele, die sich darauf spezialisiert haben, unter den Bildern anderer Frauen mit vielen Likes dauerhaft Du-bist-so-hübsch-Kommentare abzugeben in der Hoffnung, Freundschaften aufzubauen und Kontakte zu knüpfen – und um ihre eigene Follower-Zahl zu steigern. Süße Kommentare auf Instagram bedeuten aber noch lange keine Freundschaft.

Davor musst du dich schützen. Vertraue nicht jeder und jedem, vor allem dann nicht, wenn du viele Follower hast.

Geld erzeugt keine wahren Freunde

Jeder, der wegen des Geldes bei dir ist, wird dich eines Tages verraten.

Geld zieht falsche Menschen magisch an, wie faule Früchte die Fliegen.

Wenn du Geld besitzt, hast du viele Freunde, und leider sind die meisten davon falsch. Sie sind bei dir, weil du etwas hast, was sie nicht haben. Sie sind im Moment für dich da und unterstützen dich. Aber was würde passieren, wenn du nicht mehr dieses teure Auto besäßest? Was würde passieren, wenn du keinen Ruhm oder kein Geld mehr hättest? Schau dich um. Kannst du sagen, wer danach noch an deiner Seite sein würde?

Du wirst so lange ausgenutzt, bis sie jemand Neues finden. Deshalb sage ich immer, behalte deine alten Freunde, die auch da waren, als du nichts hattest. Freundschaften sind dafür da, um sich gegenseitig zu schützen und zu inspirieren, nicht nur körperlich, sondern auch spirituell und religiös.

»Wie schaffe ich es, neue Menschen kennenzulernen, Freundschaften aufzubauen?«

Es fängt bei dir selbst an. Sei mit dir selbst zufrieden, lächle mehr. Wenn du zum Beispiel ins Fitnessstudio gehst, grüße alle mit einem »Hallo!« und verabschiede dich mit einem »Ciao!«.

Menschen, die sich offen und kommunikativ verhalten, die Freude am Leben ausstrahlen, sind meistens die Menschen, die einfach Freunde finden. Verschlossene Menschen, die sich selbst nicht lieben, werden immer das Schlechte im Leben sehen.

Sprich doch mal Frauen im Fitnessstudio an, wenn du auch eine Frau bist. Frage sie, wie dies oder das funktioniert. Am nächsten Tag grüßt du sie am selben Ort wieder. Wenn du ein Junge bist, frage einfach die Männer, wo sie ihre Trainingsklamotten kaufen. Mit jemandem in Kontakt zu treten, ist keine schwierige Sache. Du musst dich einfach selbst akzeptieren, selbst lieben, eine positive Ausstrahlung erzeugen!

»Wie spreche ich jemanden an, den ich mag, oder mache ihn auf mich aufmerksam – wie sollte ich das am besten tun?«

Wenn du jemandem magst, reicht ein Lächeln schon absolut aus. Lächelt die andere Person zurück, ist das schon einmal gut.

Als Mädchen einen Jungen anzusprechen, erscheint in der Gesellschaft oft als billig, und man wird schnell als »Bitch« abgestempelt. Ich als Mann sehe es etwas anders. Eine Frau muss den Mann nicht auf die klassische Weise anbaggern, aber sie kann ihm den Ball zuwerfen. Das bedeutet, du kannst ihm mittels kleiner »Hilfen« sagen oder deutlich machen, dass du ihn sympathisch und nett findest.

Im Internet läuft es so ab, dass du dem Mädchen oder dem Jungen einfach einmal schreiben könntest. Natürlich nicht auf die einfache Art wie »Hi!« und das war's, aber du könntest der Person einfach einmal ein Kompliment machen: »Hey, ich finde deine/n Bilder/Einstellung/Style/Sprüche/Lifestyle cool. Einen schönen Tag dir.« Die andere Person würde wahrscheinlich, wenn sie Interesse hat, automatisch ein Gespräch beginnen.

Auf der Straße oder in einem Café ist es etwas schwieriger. Doch eigentlich ist es nicht wirklich schwierig, nur kennen wir es kaum noch, Menschen im realen Leben anzusprechen.

Allerdings könntest du doch, wenn du jemanden wirklich, wirklich toll findest, ihm einen Zettel mit deiner Handynummer in die Hand drücken. Klingt zu viel? Ich würde so etwas toll finden.

In diesem Raum konntest du eine Menge lernen. Vielleicht verstehst du einiges noch nicht, vielleicht bist du mit manchen Sachen nicht einverstanden, aber das ist okay. Es ist ein Prozess des Umdenkens, und dieser Prozess dauert.

Die wichtigen Dinge, die du bist jetzt gelernt hast, sind:

- Einen Menschen zu verlieren, gehört im Leben dazu, und wir müssen das akzeptieren.
- Es gehört dazu, die Trauer und den Schmerz zuzulassen und zu durchleben.
- Alleine zu sein, ist nichts Negatives. Alleine zu sein, lässt dich dich selbst besser kennenlernen und die Welt in einem anderen Blickwinkel erscheinen.
- Wir müssen uns zuerst selbst lieben, bevor wir andere Menschen lieben, nur so sind wir stark genug für eine Beziehung.
- Glücklichsein fängt im Herzen an und endet im Kopf.
- So, wie du denkst, so fühlst du dich auch.

Im Leben wird es niemals nur den einen Mann oder die eine Frau geben. Es kann sein, dass wir erst in der zweiten oder sogar dritten Beziehung die Liebe unseres Lebens finden.

Denke an meine Worte: Manchmal vermissen wir nicht die Person, sondern wir vermissen es, geliebt zu werden.

Gehe niemals in eine Beziehung, weil du denkst,
dass du nur so glücklich wirst!
Gehe in eine Beziehung, weil du glücklich bist.

Eine Beziehung ist kein Kummerkasten. Dein Freund ist weder dein Psychologe noch dein Superman. Wenn du das erwartest, wirst du scheitern. Stelle keine Forderungen an deinen Partner, denn so, wie du ihn kennengelernt hast, so solltest du ihn auch sein lassen.

Du kannst keinen Löwen heiraten und versuchen, daraus eine Katze zu machen. Du kannst auch keine Katze heiraten und daraus einen Löwen machen. Er ist, wer er ist, es sei denn, er hat selbst den Wunsch, sich zu verändern. Dann kannst du eine Unterstützung sein.

DIE REINIGUNG

Ich bin kein Supermodel, kein Superstar und auch nicht berühmt auf Instagram. Ich bin etwas, was man mit all der Schönheit und dem Ruhm nicht bekommen kann: Ich bin zufrieden mit mir selbst.

Brief 20

Ich habe gelernt, dass die Menschen, die mich verlassen, zum Leben dazugehören. Sie werden meinen Charakter nicht mögen, mein Aussehen nicht mögen.

Und es gibt so viele wundervolle Menschen, die für mich da sein werden, die mit mir weinen und lachen werden.

Es gibt so viele wunderschöne Momente im Leben, und es gibt so viel Schlechtes. Beides gehört zum Leben dazu. Mich nicht selbst zu lieben, war ein sehr großer Fehler. Und langsam, ja, langsam akzeptiere ich mich wieder selbst. Ich kann erst glücklich sein, wenn ich mich selbst akzeptiere.

Brief 21

Man sagt, die erste große Liebe erkennst du daran, dass sie etwas in dir auslöst, was du vorher nicht kanntest. Noch nie hast du für jemanden so stark empfunden.

Und viele, ja, viele denken, dass die erste Liebe die größte und schönste ist. Aber ich sage euch, nur, weil ihr solche Gefühle zum ersten Mal erleben durftet, heißt es nicht, dass es die schönste und stärkste Emotion war und danach nichts mehr kommt.

Die erste Liebe ist etwas Besonderes, das man nie vergessen wird, da gebe ich dir recht. Doch die schönsten Gefühle, die du haben wirst, wirst du bei deiner Hochzeit und der Geburt deiner Kinder empfinden. Wenn du im Krankenhaus das Schreien deines Babys hörst und deine kleine neue Familie siehst, ist das ein Gefühl, das du niemals mit deiner ersten Liebe wirst vergleichen können. Wahrlich, ich sage euch, die erste Liebe kann die schönste sein, aber wahre Liebe erkennst du nicht in guten, sondern erst in schlechten Zeiten. Und die große Liebe bleibt erst einmal nur groß, solange nichts daran wahr ist ...

Ich habe gelernt, dass man auf die Liebe keinen Einfluss hat. Die Liebe findet einen einfach so – ohne Gründe, ohne Sinn und ohne, dass man vorher gefragt wurde. Die Liebe ist sehr seltsam, sie trifft einen, ohne etwas zu sagen, mitten ins Herz. Auf die Liebe hat man keinen Einfluss, einfach mal nichts.

Meistens ist die erste Liebe einfach nur die erste Erfahrung.

~

Es wird erst wahre Liebe sein, wenn Worte nicht ausreichen, um sie zu beschreiben.

Brief 22

Am Ende eines jeden Leids wirst du den Frieden und die Ruhe in deinem Herzen spüren, die Ruhe und die Liebe, wonach du dich immer gesehnt hast. Die Wunden in dir werden vergangene Narben sein. Am Ende deines Leidens wirst du deinen Seelenfrieden finden, endlich den Seelenfrieden, nach dem du dich gesehnt hast. Dein schönes Ich wird strahlen wie die Sterne am Himmel.

Leid ist etwas Natürliches. Die Wärme und Geborgenheit wirst du bald von jemandem bekommen, der dich liebt, wie du bist.

Einsamkeit ist das Benzin der Gefühle.

~

Wenn wir glauben,
Ist es unmöglich
Zu glauben,
Dass es unmöglich
Ist.

(Geschrieben mit 27 Jahren)
In mir fängt wieder etwas an zu blühen. Die Blume im Herzen ist zwar noch klein und unschuldig, aber voller Hoffnung. Eigentlich hat sie sehr spät angefangen zu blühen, denn der Sommer ist schon fast vorbei. Aber wann ist schon der richtige Zeitpunkt, um die Schönheit einer Blume zu genießen? Ich habe mir vorgenommen, nicht mehr zu warten. Ich will, dass sie blüht und ihre Schönheit preisgibt.

(Geschrieben mit 25 Jahren)
Genieße die Zeit mit den Menschen um dich herum, denn am Ende des Tages sterben wir alle. Genieße die Momente, atme sie ein, tief ein. Schätze das Leben.

Lebe und fühle es. Fühle und lebe es.

(Geschrieben mit 27 Jahren)

Ich bin endlich aufgewacht und erkenne langsam, dass es nichts bringt, sich zu sehr für einen Menschen zu opfern, denn wenn jemand bleiben möchte, bleibt er auch so. Früher habe ich das Leben so verstanden, dass man für seinen Partner alles tun sollte, damit er zufrieden und glücklich ist. Vielleicht mag es egoistisch klingen, aber inzwischen ist es mir egal. Ich werde jetzt dafür sorgen, dass ich selbst glücklich bin. Ich wurde verletzt, betrogen, belogen, und das alles, obwohl ich treu war.

Ich bin endlich aufgewacht. Hallo Leben, ich bin endlich hier! Ich bin angekommen.

(Geschrieben mit 17 Jahren)

Du bist meine Frau, denn du warst der Himmel.

Ich bin dein Mann, denn ich war der Boden.

Du gabst mir Regen und ließest das Leben in mir wachsen. Ich liebte es und genoss die Vielfalt. Du hast mich reifen lassen und zeigtest mir, wie wunderschön ich doch bin.

Aber du warst nicht immer gut zu mir. Winde, Hagel und Blitze, die aus dir kamen, machten mir Angst. Ich sah deine schlechten Seiten und fürchtete mich vor der Zukunft. Jedes Mal, wenn du wütend warst, wollte ich gehen. Aber ich verstand schnell: Ohne dich kann ich nicht.

Eines Tages hattest du dich extra hübsch gemacht und den Regenbogen über dir strahlen lassen. Und ich wusste, ich habe nur dich, denn ohne dich kann auch ich nicht existieren.

Du bist meine Frau, denn du bist der Himmel. Ich bin dein Mann, denn ich bin der Boden.

Brief 23

Meine schwarze Königin

Trage deine dunkle Hautfarbe wie eine Königin. Deine Erscheinung genügt, um geliebt zu werden, wie eine Mutter, die ihr Baby zum ersten Mal sieht. Deine Hautfarbe bedeckt dich wie die Blüte einer Rose, du bist die pure Schönheit.

Lass dein Melanin als Zeichen von Stärke und Mut die Welt kennenlernen. Warum zweifelst du an dir? Würde eine Löwin daran zweifeln, stärker zu sein als die anderen Tiere? Sei stolz auf deine Hautfarbe, denn du bist nicht anders als die anderen Frauen, noch sind die anderen Frauen anders als du.

Du bist eine Frau. Von Kopf bis Fuß ist deine Seele stark wie ein Berg und doch so weich im Herzen wie das Fell eines Welpen.

Trage deine dunkle Hautfarbe wie eine Königin, die ihre Krone trägt – voller Stolz.

Brief 24

Ich will dich, ich will uns, ich will alles – alles, was dich als Mensch ausmacht.

Ich will dich umarmen, küssen und dir sagen, wie sehr ich dich liebe. Ich will lachen und lächeln und einfach nur glücklich sein. Ich will nichts anderes, außer glücklich mit einem Menschen sein.

Ich will bei dir sein und all die tausend klischeehaften Dinge machen, die Liebespaare eben tun. Ich will mit dir spazieren gehen und so tun, als ob ich frieren würde, nur, um von dir gewärmt zu werden. Ich will die Bettdecke mit dir teilen und nachts rüberziehen, weil sie mir gehört, aber dir ein Stück davon geben. Ich will die Liebe fühlen, ich will auch diese Schmetterlinge im Bauch haben wie alle meine Freunde.

Wenn wir zusammen sind, will ich frei sein, so sein, wie ich wirklich bin. Ich will, dass du mich deshalb liebst, weil ich so bin, wie ich bin. Ich will, dass du mich berührst, ohne mich anzufassen.

Verstehst du endlich, was ich will?

(Geschrieben mit 16 Jahren)

Wenn ich sage, ich möchte dich nackt sehen, meine ich nicht deinen Körper.

Ich meine damit deine Seele, deinen Charakter, deine Träume und Ängste.

Denn erst, wenn du mir diese Art von Nacktsein offenbarst, zeigst du mir dein wahres Ich.

Die wahre Liebe sieht man nicht. Man fühlt sie …

Wenn ich mich selbst sehe,
dann bin ich völlig in Ordnung,
dann bin ich stark.
In meinen Gedanken
mögen die Menschen mein Aussehen nicht,
sie sehen mich als schwach an.
Wenn ich mich selbst sehe,
dann bin ich völlig okay.
Ich habe Ziele und Träume.
In meinen Gedanken meiden die Menschen mich,
sie finden mich langweilig.
Es sind die Gedanken, die mich schlecht machen,
denn ich bin es nicht.

Mach dir keine Sorgen um mich. Mach dir lieber Sorgen um dich, denn mir geht es langsam wieder besser.

(Geschrieben mit 24 Jahren)

Bestimmt hast du dich einmal gefragt, warum Gott/Allah dir einen Mann gab, der dich betrogen oder hintergangen hat, warum Gott/Allah dich nicht davor beschützt hat, enttäuscht zu werden, oder? Ja, das habe ich mich auch oft gefragt. Ich habe mich oft gefragt, warum ich in meinem Leben so oft leiden musste, und es muss sich nicht mal um eine Liebesbeziehung handeln. Vielleicht ist es ein finanzielles Problem oder eine Krankheit, die dir Sorgen macht, die dir so viel Schmerz bereitet.

Aber dann habe ich mich gefragt: Was ist der größte Beweis, wenn es um Liebe und Hoffnung geht? Wenn du in schlechten und schwierigen Zeiten deine Liebe beweist. Ich habe erkannt, dass Gott/Allah uns oft testen will.

Gott/Allah möchte wissen: »Mein Kind, liebst du mich genauso sehr, wenn du nicht das bekommst, was du willst? Glaubst du weiterhin an mich, wenn du am Boden bist und nicht mehr kannst? Wenn du verzweifelst, hältst du dennoch zu mir? Wirst du mich als deinen Schöpfer weiterhin lieben?«

Dann sage: »Mein Gott, du, der mich als Mensch erschaffen hast, ich weiß, es ist ein Test, auch wenn es sehr wehtut. Gott, ich werde dich niemals vergessen, noch wird meine Liebe weniger, so wie du mich niemals vergessen wirst und deine Liebe zu mir nicht weniger wird. Gott/Allah, nimm meinen Glauben und meine Stärke an als Beweis für meine Liebe zu dir.«

Du wirst diesen Test bestehen, denn du bist zu schön, um aufzugeben.

Brief 25

Kennst du das, wenn du eine Person gefunden hast, der du voll und ganz vertraust und der du alles erzählen kannst, bei der du so sein kannst, wie du wirklich bist? Eines Tages findest du dann heraus, dass diese Person dich die ganze Zeit betrogen hat. Alle sagen dir, du sollst sie vergessen.

Wie soll man jemanden vergessen, dem man alles anvertraut hat?

(Geschrieben mit 18 Jahren)
Taten, die von Herzen kommen, bewegen und berühren immer das Herz. Worte bleiben immer Worte, wenn sie nicht in Taten umgewandelt werden.

Um deinem Partner oder deiner Partnerin Liebe zu zeigen, vermag es keiner großen Taten. Die kleinsten Dinge auf dieser Welt lassen das kleinste Herz am höchsten schlagen.

Liebe ist mehr als »Ich liebe dich«.

Denn eine Umarmung heißt »Ich liebe dich«.

Ein Kuss auf die Stirn heißt »Ich liebe dich«.

In schlechten Zeiten da sein heißt »Ich liebe dich«.

Zuhören, wenn sie Probleme hat, heißt »Ich liebe dich«.

Ich wünsche mir so sehr, dass einer es mir nicht sagt, sondern es auch tut.

Brief 26

Wenn wir sagen, wir lieben jemanden, sollten es nicht nur leere Worte sein. Es ist eine tägliche Prüfung, es ist ein täglicher Beweis. Deshalb ist wahre Liebe nicht das, was wir gesagt haben oder sagen werden, sondern das, was wir getan haben und tun werden.

Wenn wir sagen, wir lieben jemanden, würde das Fehlen dieser Person automatisch eine Leere in unseren Herzen erzeugen. Das nennt man »vermissen«.

Ich denke, Liebe ist vieles.

Liebe ist Wahrheit.

Liebe ist Treue.

Liebe ist Glaube an Gott.

Liebe ist etwas, das tief in deinem Herzen sitzt. Deshalb tut es auch tief in deinem Herzen weh, wenn es gebrochen wird.

Liebe kann vieles sein.

Liebe ist nicht nur ein Mensch.

Liebe ist auch dein Hund, deine Katze, denn auch sie schenken dir Liebe, wie du ihnen Liebe schenkst.

Ich will damit sagen, Liebe ist alles. Wir sollten diese Liebe stets zu etwas Positivem machen. Lasst uns etwas mehr Liebe untereinander zeigen und vor allem mehr Liebe untereinander geben.

(Geschrieben mit 25 Jahren)
Wo werde ich in zehn Jahren sein?

Ich möchte heiraten und glücklich mit einer Frau sein, das wünsche ich mir sehr. Aber niemand beachtet mich, weil ich eben nicht so bin wie die anderen. Nie habe ich das Gefühl gehabt, richtig geliebt worden zu sein.

Meine Gedanken sagen immer und immer wieder, ich bin nicht gut genug für die anderen, nicht hübsch, nicht muskulös, kein richtiger Mann. Reicht es denn nicht, wenn mein Herz gut ist, wenn mein Herz schön ist?

Wenn ich sterbe, wird sich niemand mehr an mich erinnern. Davor fürchte ich mich sehr. Ich fürchte mich davor, vergessen zu werden. Ich habe nichts Besonderes, habe bis jetzt nichts Besonderes geleistet. Ich hinterlasse nichts auf dieser Welt.

Deshalb frage ich: Wo werde ich in zehn Jahren sein? Werde ich geliebt, und habe ich etwas auf dieser Welt hinterlassen?

*Der traurigste unter uns Menschen ist der, der
seine Liebe in materiellen Dingen sucht.*

Brief 27

Du kannst niemals glücklich werden, wenn nach der Trennung noch ein Stück Hoffnung in dir schlummert. Du kannst nicht glücklich werden, wenn du ihm immer noch auf Instagram folgst, seine Nummer nicht gelöscht hast. Wie willst du frei sein, wenn du immer noch das Gute in ihm suchst? Warum redest du dir immer wieder ein, er wird sich schon ändern? Jemand, der dich wirklich liebt, würde sich nicht gegen dich entscheiden, würde sich melden, würde anderen Frauen nicht hinterherschauen, nicht mit anderen Frauen flirten, während du noch Hoffnungen hast.

Du musst dieses Kapitel schließen. Denn diese kleine Hoffnung lässt dich nicht schlafen, nicht arbeiten, nicht essen. Die kleine Hoffnung lässt dich glücklich aussehen, obwohl dein Herz weint. Ja, diese kleine Hoffnung nimmt dir deine ganze Kraft. Du hast verlernt, zuerst an dich zu denken, dich glücklich zu machen.

Es wird Zeit, dass du dich von ihm befreist. Nimm dein Leben wieder in die Hand. Es ist dein Leben und deine Zukunft, nicht seine!

(Geschrieben mit 28 Jahren)
Wenn alle Menschen beschließen würden, nie wieder zu lieben, würde das Leben keinen Platz mehr auf dieser Erde finden. Es würde einfach aufhören zu existieren.

Brief 28

Ich definiere die Schönheit einer Frau nach ihrer Aura und nach ihrer Ausstrahlung, nach ihrer inneren Stärke, nach ihrem Respekt gegenüber anderen Menschen und ihrer Höflichkeit, denn die äußere Schönheit verblasst irgendwann.

Du versuchst, Männer mit deinem Aussehen zu beeindrucken. Was ist äußere Schönheit für ein Wert, wenn man nur das von dir liebt? Schau in den Spiegel, schau in dein Gesicht! Ein Mann sollte nicht nur das lieben, was du im Spiegel siehst, sondern auch das, was dahintersteckt.

Die stärkste Liebe ist nicht, wenn Körper sich berühren, sondern Herzen.

Brief 29

»Ich liebe dich«, bedeutet nicht, wir bleiben für immer zusammen und alles ist gut. Um für immer zusammenzubleiben, müsst ihr jeden Tag Höhen und Tiefen gemeinsam überwinden.

Es ist das Verlangen nach dir
Das Risiko, das ich in mir trage
Es umarmt mich
Die Versuchung, dich zu berühren
Diese Atemlosigkeit zu haben
Deine Unverschämtheit, schön zu sein
Ich möchte für dich die erleuchtete Erde sein
Bist du erstaunt über meine Worte
Lege deine Lippen an mein Ohr
Flüstere mir dein Leben
Deine Stimme streichelt meine beschädigte Seele
Ich entkomme aus dem Gefängnis
In der Zartheit deiner Schönheit.

~

Der erste Tag, meine liebe Aaliyah, ich erinnere
mich immer noch an den ersten Tag.
Du nahmst meine Seele und hast sie zugedeckt mit
viel Liebe. Und ich erkannte die Liebe.
Du stiegst danach in den Himmel.

Brief 30

Hey du!

Du bist wunderschön, und das ist etwas, das du niemals anzweifeln darfst. Wenn ich sage, dass du wunderschön bist, meine ich von außen und von innen.

Du bist etwas Besonderes.

Brief 31

Du musst akzeptieren, dass manche Menschen, die du zu lieben scheinst, einfach nicht in dein Leben passen. Es heißt nicht, dass du falsch bist oder hässlich. Es bedeutet, wenn er wirklich der Richtige wäre, hättest du nicht so oft geweint, nicht so oft gestritten.

Es ist menschlich, wenn man beginnt zu verzweifeln, weil man all das, was einem wichtig war, verloren hat.

Es ist menschlich, wenn du dir jeden Tag wünschst, ihr würdet wieder zusammenkommen. Es ist menschlich, schwach zu sein.

Das Schlimmste an einer Trennung: Du siehst immer nur das, was du falsch gemacht hast, bis du erkennst, du bist nicht falsch, sondern genau richtig, so, wie du bist. Und das Traurige ist, bis dahin zehrt es an dir. Du weißt, dass es vorbei ist, aber du hast so viele Ausreden, warum ihr wieder zusammenkommen solltet.

Ich kann nicht zu dir sagen: »Weine nicht, es ist nicht so schlimm, wie du denkst.« Es ist hart, und es wird für dich noch härter sein. Es wird Zeiten geben, da wirst du nicht essen können, nicht schlafen können. Du wirst ihm in den sozialen Netzwerken folgen, du wirst ihn verfluchen, hassen und dir wünschen, er solle unglücklich sein.

Du wirst diesen Weg gehen müssen. Und wenn du endlich aufhörst, stark zu sein, auch mal weinst und deine Gefühle freilässt, dann wirst du Licht sehen, wie ich am Ende Licht gesehen habe.

Nur Menschen, die vergeben können, finden Gott.

～

Du nennst es Glück, ich nenne es den Willen Gottes.

RAUM 5

Seelenfrieden

Willkommen im Raum 5.

Du hast den Raum »Seelenfrieden« erreicht. In diesem Raum gebe ich dir endlich das, wonach du gesucht hast, und zwar den Frieden in deiner Seele. Aber bevor wir weitermachen, müssen wir herausfinden, ob du für diesen Raum bereit bist.

Bitte beantworte dazu die folgenden Fragen ehrlich:

- **Weißt du jetzt, dass es wichtig ist, sich selbst zu lieben, und bist du bereit, damit anzufangen?**
- **Erkennst du endlich, dass Verluste im Leben dazugehören und nichts für immer ist?**
- **Hast du den Mut und die Kraft, alleine zu leben?**
- **Bist du bereit, etwas an deinem Leben zu ändern, wenn dir danach ist?**
- **Bist du bereit, deine Wünsche und Träume selbst, also ohne einen Partner oder eine Partnerin in die Hand zu nehmen?**
- **Erkennst du nun, dass du keinen Partner oder keine Partnerin brauchst, um glücklich zu sein, sondern dass er oder sie nur eine wunderschöne Ergänzung in deinem Leben sein sollte?**
- **Vergibst du deinem Ex für den Schmerz, den er dir angetan hat?**
- **Erkennst du, dass Schmerz und Leid im Leben dazugehören und du dich niemals dafür schämen musst?**
- **Bist du bereit, wieder zu vertrauen, Liebe zu schenken und anzunehmen?**

- **Hast du endgültig mit deinem Ex abgeschlossen? Du empfindest keinen Hass mehr, keine Hoffnung mehr auf ein Wiedersehen?**

Wenn du alle Fragen positiv beantworten konntest, dann bist du bereit für deinen Seelenfrieden. Falls nicht, dann gib dir selbst noch etwas Zeit. Keiner verlangt von dir, dass du in ein paar Tagen, Wochen oder Monaten glücklich durch diese Welt hüpfen sollst. Manchmal hilft es, das Buch ab hier wieder von vorne zu lesen.

Was ist Liebe?

Heutzutage wird die Liebe zu einem Menschen unterschiedlich definiert. Ich erzähle dir jetzt, was Liebe wirklich ist. Natürlich musst du nicht meiner Meinung sein. Manche meiner Worte kannst du übernehmen oder ihnen auch gerne widersprechen.

Die reine Liebe als Emotion oder Empfindung kann man nicht sehen, hören, wiegen, fühlen, schmecken oder riechen. Sie ist erst einmal nur da, ohne Funktion. Erst das Leben erweckt die Liebe zum Leben. Wir machen sie zum schönsten und stärksten Gefühl, das wir besitzen.

Ich finde, die Liebe ist etwas Magisches, etwas, was wir im Grunde nicht beschreiben können. Die Liebe macht das Unmögliche möglich, sie gibt dir übernatürliche Kraft. Die Liebe erschafft Leben, Kulturen, Nationen. Und doch tötet die Liebe auch Menschen, sie bricht Herzen, sie lässt leiden und treibt Menschen in den Selbstmord. Doch sosehr wir das auch nicht wahrhaben wollen: Es ist nicht die Liebe, die das tut, es sind wir selbst. Wir Menschen tun es. Denn die Liebe ist einfach nur da. Und sie kann sich durch verschiedene Kleider schmücken.

Die Liebe kann alles sein. Sie existiert
zwischen Vater und Sohn,
zwischen Mutter und Tochter,
zwischen Vater und Tochter,
zwischen Mutter und Sohn,
zwischen Brüdern und Schwestern,
zwischen Stiefbrüdern und Stiefschwestern,
zwischen Stiefmüttern oder Stiefvätern,
zwischen Mensch und Tier,
zwischen Mensch und Natur.
Und letztendlich zwischen Mensch und Gott.

Du siehst, die Liebe kann alles sein, alles, was du willst, denn die Liebe ist alles. Es liegt in unserer Hand, was wir aus ihr machen.

Es liegt in deiner Hand, was du aus der Liebe machst.

Was ist Liebe in einer Beziehung?

Wir denken meistens an Hollywood- und Bollywood-Filme. Der Mann muss für uns bis zum Tod gehen, er muss mir Frühstück ans Bett bringen, er muss dies, er muss das. Aber warum muss der Mann oder die Frau dies oder das haben oder machen, damit es Liebe ist?

Die Liebe zu deinem Partner oder deiner Partnerin fängt bei dir selbst an. Um einer vollkommenen Liebe zu begegnen, musst du dich selbst vollkommen lieben. Wenn du nicht bereit bist, dich selbst zu verwöhnen, mal morgens aufzustehen und dir selbst ein schönes Frühstück zu zaubern, wird deine Beziehung niemals einen Wert haben. Anders gesagt, je bedingungsloser du dich selbst liebst, desto bedingungsloser kannst du auf eine gesunde Art und Weise deinen Partner oder deine Partnerin lieben.

Viele denken, Liebe ist etwas, was nie verschwinden kann. Doch jeder, der schon einmal in einer Beziehung war, weiß, dass man nicht 24 Stunden am Tag Liebe empfinden kann. Es wird öfter so sein, dass du von deinem Freund genervt sein wirst, weil er etwas Dummes gesagt oder getan hat. Es wird oft passieren, dass du von ihm enttäuscht bist, weil er dies oder das gemacht hat. Es wird Zeiten geben, da wirst du weniger Liebe für ihn empfinden, und das ist normal. Es wäre unnatürlich, 50 Jahre lang jemanden dauerhaft gleich zu lieben. Liebe ist ein immer wiederkehrender Prozess. Normalerweise muss es nicht »Ich liebe dich für immer« heißen, sondern »Lass uns uns gegenseitig für immer lieben und hassen«.

Heutzutage stellen wir uns Beziehungen so vor, dass die Partnerin oder der Partner dir das gibt, was du von ihm oder ihr verlangst. Gibt er oder sie uns das nicht, denken wir, dass die Beziehung gar keinen Wert mehr hat oder es nicht so weiterlaufen kann.

Wenn du das erwartest, dann wirst du scheitern.

»Ich liebe dich, weil du dies oder das für mich bist.«

Aber was passiert, wenn er es nicht mehr ist? Viele glauben heutzutage, ein Mann oder eine Frau ist dazu da, um sie glücklich zu machen. Aber wir sind alle keine Zauberer, noch sind wir ausgebildete Psychologen. Wenn du denkst, ein Mann ist dazu da, um dir Glück im Leben zu bringen, dann wirst du keine einzige Beziehung überleben.

»Hallo Keff, obwohl ich alles für ihn getan habe – Geld ausgegeben, seine Wohnung geputzt, für ihn gekocht, wirklich alles –, hat er mich trotzdem betrogen. Warum sind die Männer so?«

Du denkst, wenn du den Haushalt schmeißt, für ihn kochst, ihm Geschenke machst und ihn einkleidest, dass dies der ultimative Liebesbeweis sei. Das Problem ist: Wenn wir große Sachen tun, erwarten wir auch dasselbe von unserem Partner. Wir haben ja eine Leistung erbracht, warum erbringt er also keine Leistung für uns?

Und dann entwickeln wir die Opferrolle: »Ich habe so viel für ihn getan, er aber tut gar nichts.« Das führt meistens zu einer Frustration. Du fühlst dich unfair behandelt, schluckst es aber herunter, bis du irgendwann platzt, weil dir das alles zu viel wird. Deshalb solltest du dir selbst die Frage stellen: Hast du für deinen Freund geputzt, aufgeräumt und gekocht, weil du Lust dazu hattest oder weil du ihn liebst und ihm einen Gefallen tun wolltest?

Die meisten würden jetzt für die zweite Antwort stimmen. Und das ist der Fehler. Wir haben durch diese Beweise oder, besser gesagt, durch diese Leistung eine Erwartung.

Ein Mann, der dir sagt, dass du ihm nur deine Liebe zeigen kannst, indem du dieses oder jenes tust, dem solltest du auf gar keinen Fall vertrauen und schnell das Weite suchen.

»Was ist dann aus deiner Sicht eine perfekte Beziehung, Keff?«

Wenn ich von einer perfekten Beziehung schreibe, dann meine ich keine Beziehungen, in denen es keinen Streit oder dergleichen gibt. In Beziehungen sollte es keine Machtspielchen geben. Fragen wie »Wer hat die Hosen an?« oder »Wer hat mehr zu melden?« sind lächerlich, denn eine Beziehung ist kein Kampf, sondern ein Miteinander. Ich gehe nicht in eine Beziehung, weil eine Frau mir mein Leben schöner machen sollte. Es ist auch so schon schön, dafür brauche ich sie nicht.

Ich gehe in eine Beziehung, weil ich mit dir Hand in Hand das Glück teilen möchte. Du gibst mir ein Stück von deinem, ich dir ein Stück von meinem.

Folgendes gutes Beispiel teilte ich einmal mit einer Followerin:

Stell dir vor, du bist in einem Restaurant, und ihr möchtet etwas essen. Ihr werdet beide wahrscheinlich euer eigenes Gericht bestellen und nicht von einem Teller essen. Jetzt kommen die Speisen – sowohl deine als auch seine schmecken fantastisch. Was macht ihr automatisch? Ihr lasst den anderen etwas davon probieren. Und der eine kann dann sagen: »Dein Essen ist auch gut!«, und der andere: »Deins noch besser.« Das Tolle ist, ihr seid trotzdem beide glücklich, weil jeder von euch mit seinem Teller glücklich ist. Stell dir jetzt vor, ihr hättet nur einen Teller bestellt, und er hätte ausgesucht, was ihr essen sollt. Und du? Weil du ihn liebst, willst du es akzeptieren. Du kannst Glück haben, und er bestellt das Richtige, oder du hast Pech, und es schmeckt dir nicht, aber du isst es aus Respekt. Wird dich das glücklich machen?

Bestimme selbst über dein Leben, nur so bist du unabhängig, wenn er gehen sollte. Viele, die frisch in einer Beziehung und stark verliebt sind, geben Hobbys, Ziele und Träume auf. Sie sagen sich: »Hauptsache, mein Freund ist zufrieden mit mir.« Aber das führt dazu, dass du nicht mehr erkennst, was für einen Wert du als Mensch hast, und das kann böse enden. Denn nach einigen Jahren könntest du dir die Frage stellen: »War es das wert, Träume und Einstellungen für ihn aufzugeben?« Vor allem, wenn er anfängt, dich anzulügen oder sogar zu betrügen, wirst du es bereuen, dass du dieses oder jenes damals aufgegeben hast.

Deshalb sollte eine Beziehung niemals der Grund sein, warum du Ziele oder Träume aufgibst.

»Was ist mit Diskotheken, Keff? Partys, Shisha-Café und so? Ich meine, ich kann ihm das doch verbieten. Was hat er davon, feiern zu gehen?«

Die Frage ist, warum verbietest du jemandem etwas? Kannst du dieser Person nicht trauen? Wenn du ihr nicht trauen kannst, dann garantiere ich dir hier und jetzt, dass die Beziehung scheitern wird. Wenn du jetzt sagst, dass du anderen Frauen nicht trauen kannst, dann befürchtest du, dein Mann sei nicht stark genug, um ein Angebot abzulehnen. Tust du es aus Prinzip? Dann tue es. Aber damit nimmst du ihm die Freiheit, selbst zu entscheiden, was für ihn richtig ist. Denn seien wir mal ehrlich: Wenn ein Junge schwach ist oder bereit, dich zu betrügen, dann wird er es auch bei der nächsten hübschen Kassiererin tun. In der nächsten Bäckerei, im Berufsleben, überall, wo er ist oder hingeht, wo du nicht bist, kann er dich theoretisch betrügen.

»Aber was ist, wenn es mir einfach nicht gefällt, dass er auf Partys geht? Wie kann ich ihm das abgewöhnen?«

Die Frage ist eher, warum du mit jemandem zusammengekommen bist, der Partys mag, wenn du sie nicht magst. Du wusstest es nicht? Dann bist du zu schnell in eine Beziehung gegangen, ohne ihn richtig kennenzulernen. Es hat dich anfangs nicht gestört? Dann sollte es das auch weiterhin nicht, denn er ist auch mit dir zusammen, weil er dachte, du kommst damit klar.

»Was würdest du dann tun, Keff?«

Würde ich bemerken, dass ich damit nicht klarkomme, würde ich darüber reden und fragen, ob es meiner Partnerin etwas ausmachen würde, ein wenig auf die Bremse zu treten. Wie gesagt, wir wollen keine Interessen auslöschen. Würde sie mir klar und deutlich sagen, dass sie es unbedingt braucht, dieses Nachtleben, dann würde ich mich sofort trennen.

»Wow, so schnell? Dann liebst du sie nicht.«

Falsch!

Meine Partnerin ist nicht der Grund, warum ich glücklich bin. Sie ist eine Ergänzung zu meinem Glück. Will sie mich verändern, trenne ich mich. Ich bin zwar für einen Moment traurig, aber weiterhin glücklich. Jeder hat das Recht, sich von seiner Freundin oder seinem Freund zu trennen.

Wir sind ein Team mit demselben Ziel: zusammen alt werden.

»Wie sollte ich mich dann in einer Kennenlernphase verhalten, Keff?«

Das Schlimme an Kennenlernphasen ist: Obwohl es die Phase ist, in der wir die andere Person kennenlernen möchten, verstellen wir uns in dieser Zeit am meisten. Wir zeigen uns von unserer besten Seite, versuchen krampfhaft, nichts Falsches zu sagen oder zu tun. Und das ist ein Fehler.

Wichtig ist, dass du von Anfang an das sagst, was du über die Welt denkst. Es ist verdammt wichtig, dass du von Anfang an deine Wünsche und Träume preisgibst. Denn stell dir vor, du willst irgendwann in zwei Jahren nach Amerika, der Partner aber will nie auswandern, und um den anderen nicht zu schocken, erwähnst du es erst einmal nicht. Dies kann später zu einem Problem führen. Oder du erwähnst nicht, dass du Veganerin bist, und er liebt Fleisch über alles. Es geht nicht darum, Gemeinsamkeiten zu finden. Es geht darum, ob man mit den Interessen und Wünschen des anderen klarkommt, und je früher man es weiß, desto besser. Wichtig ist also: Hast du ein Date, fange früh damit an, Interessen, Wünsche und Träume zu erwähnen. Übertreibe es aber nicht. Es geht nicht darum, sexuelle Fantasien oder dergleichen sofort preiszugeben – obwohl man einige Dinge sicher schon gerne früher wissen würde, um gegebenenfalls direkt verschwinden zu können.

Reden in einer Beziehung

Viele Frauen denken, wenn sie traurig sind, müsste es ihr Freund doch bemerken, ohne dass sie etwas sagen müssen. Oder wenn sie etwas wollen, müsse er ihnen das von den Lippen ablesen. Ich sage dir etwas: Da hast du völlig recht, aber nur im Hinblick auf Bollywood- und Hollywood-Filme.

Im realen Leben können Männer weder Gedanken lesen noch dich auf Händen tragen (nicht gut für den Rücken) oder dir jeden Morgen Frühstück ans Bett bringen. Im realen Leben wollen wir Männer wissen, wenn etwas los ist. Wir können es nicht erraten.

Jede Frau und jeder Mann zeigt ihre oder seine Liebe auf eine andere Art. Der eine Mann bevorzugt es, sie durch Essen zu zeigen, indem er etwas kocht, der andere mit Schokolade, der nächste mit Blumen, und wiederum ein anderer, indem er Reparaturen vornimmt oder den Müll runterbringt. Das klingt komisch, ist aber auch eine Art, Liebe zu äußern – und alle diese Formen sind angemessen.

Wir schauen zu sehr von anderen Beziehungen ab: »Der Freund von meiner Freundin hat ihr einen Blumenstrauß geschenkt, und meiner tut gar nichts!«, oder: »Die Beziehung von meiner Freundin ist viel besser, denn sie reisen viel, und mein Partner liegt immer nur faul auf der Couch.« Du fängst an, deine Beziehung gegen andere aufzuwiegen. Und nun musst du dir die Frage stellen: Fällt dir das Ganze erst heute auf? Fällt dir erst jetzt auf, dass er kein spontaner Typ ist, dass er nicht gerne reist oder kein großer Romantiker ist? Lass ihn so sein, wie er ist, denn so hast du ihn ausgewählt. Wieso möchtest du ihn jetzt zu einem Shahrukh Khan oder einem Bachelor machen? Ich habe schon viele Männer erlebt, die all diese wunderschönen Dinge tun wie Blumen schenken, Geschenke kaufen oder essen gehen. Sie waren am Ende die größten Betrüger. Da bleibe doch lieber bei jemandem, der aus Liebe den Müll runterbringt, aber treu und loyal ist.

Es gibt Ausnahmen, die du weder respektieren noch akzeptieren solltest. Eine dieser Ausnahmen wäre Faulheit, wenn er nicht arbeiten möchte, um Geld zu verdienen, und du ihn somit durchfüttern musst, oder wenn er aggressiv oder beleidigend wird.

Verändere oder verbiete nichts in einer Beziehung, um glücklich zu werden. Freiheit ist für beide der Grundstein einer guten Beziehung.

Wir kommen langsam zum Ende, und wenn du alles gelesen hast, reflektiere nun einmal deine aktuelle oder deine letzte Beziehung. Erkennst du Fehler?

Im ersten und zweiten Kapitel habe ich dir gesagt, dass eine Trennung eine großartige Chance sein kann und ist, um dich besser kennenzulernen und vor allem, um zu reflektieren. Du hast Trauer und Wut durchlebt und kennengelernt, wie es ist, verletzt zu sein. Aber du hast auch gespürt, wie wenig du dich selbst geliebt hast. Du hast wahrgenommen, dass du dir zu wenig Wert gegeben und dir zu wenig zugetraut hast. Du konntest erkennen, dass du dein Glück in andere Hände gelegt hast, und sehen, dass du andere für dein Glück verantwortlich gemacht hast.

Du hast gelernt, deine Träume und Wünsche für eine Beziehung niemals zu beenden. Du hast aufgenommen, dass eine Beziehung kein Bollywood- oder anderer romantischer Film ist. Du hast gelernt zu reden, wenn es ein Problem gibt, und dass du niemals von deinem Mann verlangen kannst, deine Gedanken oder Gefühle zu lesen.

Du hast studiert, selbstständig und finanziell unabhängig zu sein.

Zuletzt hast du auch gelernt, alleine leben zu können und auch alleine zu sein, ohne eine Freundin oder einen Freund.

Du wurdest nicht geboren, um traurig zu sein. Das ist deine Chance. Nutze sie, um dich selbst glücklich zu machen!

DIE LETZTE REINIGUNG

(Geschrieben mit 16 Jahren)
Die Liebe fällt wie die Blüten einer Rose auf mein Herz.

Sie gibt mir Frieden, wie eine Mutter, die ihr Baby in den Händen hält.

Durch staubige Wege wanderte mein Herz. Fast wäre es verdurstet, doch es fand die Quelle, die es so lange suchte, es trank und trank.

Mein Herz wurde stark.

Die Quelle war die Liebe zu mir selbst.

»So schnell wirst du mich nicht los.«
Das ist einer der schönsten Sätze, die ich dir sagen
werde, wenn ich dich meine zukünftige Frau
nennen werde.

∾

Ich habe Gott meine Sorgen in die Hände gelegt,
er legte danach Frieden in mein Herz.

*Ab heute erzähle ich den Menschen nicht mehr,
wie ich hingefallen bin, sondern wie ich aufge-
standen bin.*

∼

*Wenn man mich fragt, was Zufriedenheit im
Herzen bedeutet, ist Gott das Erste, was mir
einfällt.*

Ich habe losgelassen. Ich bin weder wütend auf dich, noch bin ich enttäuscht oder verletzt. Ich habe losgelassen, weil ich frei sein will …

(Geschrieben mit 27 Jahren)

Ich bin glücklich, weil ich mich selbst gefunden habe. Der Seelenfrieden ist zu mir gekommen.

Als mir alles klar wurde und ich die perfekte Balance zwischen Herz und Verstand, Seele und Geist gefunden hatte, erfüllte es mein Leben.

Ich habe keine großen Erwartungen mehr von anderen. Ich habe zu lange meine Wünsche und Träume verdrängt. Ich bin glücklich, denn ich habe mich selbst gefunden.

Du bist endlich frei, genieße deinen Frieden im Herzen.
So, wie du bist, bist du einzigartig.
So lächle in die Welt, zeige der Welt, wie mutig du bist.
Zeige der Welt, dass du wertvoll bist.

Brief an Alexandra

Vor sehr langer Zeit kamst du in meine Welt. Du warst die erste Frau, die mir zeigte, wie sehr eine Frau mich lieben kann. Du hast mir als Erste gezeigt, wie es sich anfühlt, gemocht und akzeptiert zu werden. Es tat so unendlich gut, mit dir zu lachen, dich zu umarmen oder auch einfach nur mit dir zu reden.

Ich hätte nie gedacht, dass es so enden würde, und ja, es ist meine Schuld, ich bin selbst dafür verantwortlich. Heute denke ich oft an diese Zeit zurück und wünsche mir nichts mehr, als dich einmal wiedersehen zu dürfen, in meine Arme schließen zu können und dir zu sagen, es tut mir so unendlich leid um die vielen Tränen. Ja, das wünsche ich mir.

Es ist so vieles passiert, seitdem wir getrennte Wege gingen. Ich bin mir sicher, dass du diese Zeilen gerade liest. Warum? Das Schicksal wird uns immer finden. Egal, ob du bald verheiratet sein wirst und Kinder bekommst, du bist und bleibst eine der wunderbarsten Personen, die ich je kennenlernen durfte, selbst nach so vielen Jahren.

Solltest du diesen Text lesen, schreib mir, Alexandra …

(Geschrieben mit 16 Jahren)

Ich freue mich, dich bald in meine Arme schließen zu dürfen. Ich wünsche mir so sehr, dass ich dich schon jetzt kennenlernen und lieben darf. Und doch warte ich geduldig, denn es heißt: Gott liebt die Geduldigen bis an den Tag, an dem wir uns zum ersten Mal sehen werden.

Ich liebe dich, weil ich Gott liebe.

Ich will, dass du weißt, dass es noch gute Jungs gibt, denn ich glaube an die ewige Liebe. Denn wenn ich an die ewige Liebe glaube, glaube ich an Gott, denn Gott ist die ewige Liebe. Ich weiß, es wird nicht einfach sein, aber was ist schon einfach? Gott hat uns schwach erschaffen, aber die Liebe ist stark.

Ich kann es nicht ausstehen, wenn andere Jungs über Mädchen reden, obwohl sie eine Freundin haben.

Manchmal bin ich echt neidisch auf die anderen, zum Beispiel auf Tim. Er hat so eine hübsche, ehrliche Freundin und betrügt sie. Und mich beachtet niemand. Ich fühle mich nicht hübsch, aber es ist okay. Ich will, dass du weißt, dass ich trotzdem nicht dazugehören will. Ich will nicht einer dieser Männer sein. Ich kann nicht dein Herz brechen, wenn ich nicht will, dass meins gebrochen wird. Es tut mir so leid für die Mädels, die betrogen werden. Ihre Tränen, ihr Weinen – es ist unbeschreiblich schmerzhaft, sie so leiden zu sehen. Aber dir will ich das nicht antun. Ich verspreche es dir, und ich verspreche Gott, dass ich der beste Ehemann und Vater für dich und meine Kinder sein werde.

Während ich diesen Text schreibe, muss ich schon fast weinen und gleichzeitig lachen. Ich habe eigentlich keinen festen Typ, deshalb frage ich mich, wie du aussiehst. Aber ich bin mir sicher, dass du eine wunderschöne Frau bist. Ja, du bist wunderschön in allem, was du tun wirst, in allem, was du sein wirst. Ich bin alles, was du willst, denn alles, was du bist, ist alles, was ich will.

(Geschrieben mit 16 Jahren)

Ich möchte dich in einer Beziehung ungeschminkt sehen. Du sollst mit zusammengebundenem Haar und in Jogginghose neben mir sitzen und dich einfach wohlfühlen, weil du weißt, du kannst dich entspannen, und ich halte dich immer noch für die schönste Frau auf dieser Erde. Du sollst dich an mich ankuscheln und mein Parfüm inhalieren und davon high werden.

Ich will dich im Gammel-Look sehen und dich trotzdem sexy finden. Doch in der Öffentlichkeit kleiden wir uns wie Superstars, alle Augen sind auf uns gerichtet.

Wir sind beste Freunde und albern wie Siebenjährige, gleichzeitig reden wir über Religion und Politik wie Sechzigjährige.

Unser gemeinsamer Plan ist, gemeinsam alt zu werden, gemeinsam stärker zu werden, gemeinsam Träume zu realisieren. Du verteidigst mich, wenn ich nicht da bin; ich lobe dich, wenn du nicht da bist. Unsere Liebe ist öffentlich und doch privat.

Zeige mir deine Augen, denn das liebe ich so sehr an dir.

(Geschrieben mit 16 Jahren)

Ich liebe mit meiner Seele. Das Herz ist nur der Schlüssel, der die Tür öffnet.

Vielleicht ist es ein Fluch, vielleicht ist es auch Schicksal. Vielleicht ist es der Grund, warum ich für immer alleine bleibe.

Du und ich, seelenverwandt. Du und ich in der Seele eins. Du und ich …

Das ist vielleicht das, wonach wir im Leben suchen, genau das – der Seelenfrieden, bevor wir sterben.

Brief 32

Dieses Jahr gab es genau ein Wort, das mich richtig entspannt und erfolgreich gemacht hat.

Das Wort heißt: »Ciao!«

Wenn eine Frau denkt, ich habe es nötig, ihr hinterherzurennen, weil sie sich zu wichtig fühlt – »Ciao!«

Wenn Menschen mich nerven – »Ciao!«

Wenn ich eine Stadt nicht mag – »Ciao, bin weg!«

Wenn Leute mich auf Instagram angreifen wollen – »Ciao!«

Unzuverlässige Menschen – »Ciao!«

Lügner – »Ciao!«

Leute, die angeblich nicht antworten, weil sie keine Zeit haben und im Stress sind, aber dauerhaft online sind und Zeit haben, auf Instagram zu posten – ein fettes »Ciaooooo!«

Einfach nur »Ciao!«

Ich habe mir Stress und Kopfschmerzen erspart, und so werde ich das auch nächstes Jahr machen!

Ciao!

Liebe beruht auf Vertrauen und Zuneigung – eine Verbindung zwischen zwei Seelen, die weder Raum noch Zeit kennt. Liebe ist, füreinander da zu sein in Gedanken, in guten und schlechten Momenten, in Freude oder Sorge. Es gibt kein wertvolleres Geschenk auf der Welt als Liebe.

Was fehlt in der heutigen Welt am meisten? Die Menschlichkeit.

Brief 33

Wenn du vorsichtig mit Beziehungen bist, ist es keine Angst, sondern Respekt vor der Liebe. Lass dir ruhig Zeit bei der Entscheidung, jemanden ernsthaft kennenzulernen oder gar in eine Beziehung zu gehen. Wir entscheiden uns zu schnell, weil wir von Worten und vom Aussehen geblendet sind. Es hat nichts mit Arroganz zu tun, wenn du nicht mit jedem schreiben willst. Du möchtest deinen Respekt und dein Ansehen nicht verlieren, und das ist richtig so.

Mit dem richtigen Mann wird das Wort »Liebe« für dich eine neue Definition erhalten. Eine Beziehung ist keine Unterhose, die man jeden Tag wechselt. Hast du den richtigen Mann an deiner Seite, wirst du einen inneren Frieden in dir spüren, eine Glückseligkeit. Die Zukunft wird dir noch sinnvoller erscheinen.

Aber all das kann nur passieren, wenn du dich selbst nicht unter Druck setzt. Nur, weil alle deine Freundinnen in einer Beziehung sind und du immer noch Single bist, bist du falsch, nicht fähig?

Nein, du bist geduldig und vertraust auf Gott.

Du bist gut so, wie du bist.

Wozu brauche ich Ruhm, Geld und Partys, wenn ich meinen Frieden mit Gott habe?

～

Ich und du, eines Tages im Paradies.

Brief 34

Warum ist Fremdgehen kein Versehen?

Viele Frauen denken, dass man jemanden aus Versehen betrügen kann. Aber Fremdgehen ist keine Bananenschale, auf der man ausgerutscht ist, oder eine Laterne, die man übersehen hat und dagegengestoßen ist. Es ist eine bewusste Entscheidung, denn bis du deine Freundin oder deinen Freund betrügst, hast du mehrere Möglichkeiten, »Stopp!« zu sagen und darüber nachzudenken.

In dem Moment, in dem du Gefühle oder die Lust bekommst zu betrügen, ab dem Zeitpunkt kannst du schon versuchen, dich nicht verführen zu lassen, zu kämpfen, nachzudenken. Bis du einen anderen Menschen küsst und sogar mit der Person schläfst, gibt es so viele Möglichkeiten »Stopp!« zu sagen, also wie kann so etwas ein Versehen sein?

Natürlich kannst du etwas bereuen, es besser machen. Aber höre auf, es runterzuspielen und Ausreden dafür zu finden!

Es gibt Gründe, warum man betrügt oder betrogen hat, und mit diesen Gründen muss man ehrlich umgehen und offen darüber reden.

Sei immer ehrlich zu anderen, aber wichtiger ist: Sei immer ehrlich zu dir selbst!

Ich glaube an dich.
Gott, ich bleibe deiner standhaft, bis ich sterbe.
Nun, wenn der Teufel will, kann er versuchen zu
verführen, zu betrügen und zu lügen.
Ich kann sehr gut leiden.
Ich bleibe standhaft und glaube fest daran, dass
du existierst.

Alles, was du besitzt, wird irgendwann nicht mehr da sein, außer deine guten Taten. Ach ja, die schlechten auch.

∽

Als ich Gott fragte, was die Liebe genau ist, was sie mit uns macht und was ich dafür tun müsse, um sie zu bekommen, antwortete er: »Rufe mich.«

Brief 35

Manchmal ist die Liebe eine wunderschön verpackte Lüge, während die Wahrheit uns nicht gefällt.

Manchmal ist es besser, die Wahrheit anzunehmen, auch wenn sie uns nicht passt. Es gibt Menschen, die können am Anfang so schön erzählen, dir sagen, wie wunderschön du bist, dass du die Einzige bist. Du schaust nur auf das Äußere, und du nimmst dieses Geschenk an, weil du geblendet bist von den Worten und der Schönheit. Und am Ende, wenn du das Geschenk aufmachst, war nichts anderes darin als eine Lüge.

Deshalb orientiere dich immer an Menschen, die ehrlich zu dir sind, egal, wie schlimm die Wahrheit aussieht.

Ein guter Mensch ist nicht unbedingt der, der viele gute Taten vollbringt. Ein guter Mensch ist für mich der, der gute Taten vollbringt und alles daransetzt, dass es nur Gott mitbekommt.

Ich weiß jetzt, was wahre Liebe ist.

An meine zukünftige Frau:
Ich werde dich finden und dich auf ewig lieben,
wie ich Gott fand und ihn ewig lieben werde.

~

Ich bin nichts anderes als ein Stein, aber mit dir
werde ich zu einem Stern.

DER AUSGANG

Herzlichen Glückwunsch, ein neues Leben beginnt – jetzt!

NACHWORT

Liebe Leserin, liebe Leser.

Wir haben gemeinsam den letzten Raum erfolgreich verlassen.

Ich möchte mich für dein Vertrauen, deine Zeit und vor allem deinen Mut bedanken.

Du hast die Chance ergriffen, dein Leben selbst in die Hand zu nehmen und dafür zu sorgen, endlich glücklich zu werden, und das beweist, dass du ein starker Mensch bist, vergiss das nie.

Es wird trotz deiner Reinigung Momente geben, wo du wieder schwach werden wirst, diesen Herzschmerz und Leid verspüren wirst, deshalb solltest du dieses Buch nicht zu weit weglegen.

Wenn du das Gefühl bekommst, dass es dir wieder schlechter geht, dann hast du das Recht, wieder zurück in den passenden Raum zu gehen. Vor allem Raum 2 muss man öfter betreten, um zu heilen. Dieses Buch kann in guten und schlechten Zeiten dein ständiger Begleiter sein.

Eine Blüte, die blühen soll, muss man auch mit viel Geduld, Zeit, Aufmerksamkeit und Liebe pflegen, damit sie wächst. Siehe deine Seele und dein Herz als diese eine Blüte. Negative Gefühle und Gedanken gehören zu unserem Leben dazu, und es wird nie passieren, dass du dauerhaft diese Zufriedenheit und Glück verspürst, im Gegenteil, wir Menschen neigen dazu, schnell zu zweifeln. Aber du kannst dich glücklich schätzen, und weißt du, warum? Weil du jetzt weißt, was zu tun ist, wenn es wieder so weit ist und die Zeit der negativen Gefühle und Gedanken kommt: Dafür zu sorgen, dass dein Leben wieder in die richtige Bahn gelangt.

In diesem Buch ging es um Liebeskummer und Herzschmerz. In meinem kommenden Buch *6 Räume- Eine neue Reise zu dir selbst* beschäftigen wir uns mit deiner Persönlichkeit. Wie du mehr Selbstvertrauen gewinnen kannst und Selbstzweifel auflöst. Wie du deine Ängste vor Menschen verstehen und überwinden kannst.

Das Aufarbeiten vom Tod geliebter Menschen. Wie du auf andere zugehen kannst, um Freundschaften und Liebe aufzubauen.

Wie du Positivität und Sympathie gegenüber deinen Mitmenschen ausstrahlen kannst.

Sei geduldig mit dir selbst, achte auf deine innere Seele, und lasse sie niemals verkommen.

Dein
Keff Vidala

Erika J. Chopich
Margaret Paul

Aussöhnung
mit dem
inneren Kind

Aus dem Englischen von
Angelika Bardeleben.
Taschenbuch.
Auch als E-Book erhältlich.
www.ullstein-buchverlage.de

Die Quelle der Lebensfreude in uns selbst

Durch die Integration des Kindes in uns können wir als
Erwachsene unser volles Potential entfalten. Denn nur
so werden Verletzungen aus der Kindheit unser Leben
nicht länger vergiften und stören. Erschließen Sie sich
eine sprudelnde Quelle von Kreativität, Lebensfreude
und Vitalität, indem Sie sich Ihrem inneren Kind zu-
wenden.

ullstein